PERSAHABATAN

*PERSAHABATAN: KUASA, TUJUAN DAN
PENYEDIAAN DALAM PERSAHABATAN.*

Hak Cipta © 2021 oleh Love God Greatly Ministry

Ijin memperbanyak dokumen diberikan hanya dengan maksud untuk menyelesaikan pendalaman Alkitab *Persahabatan: Kuasa, tujuan dan penyediaan dalam persahabatan.* secara daring. Dilarang untuk mengubah isi dokumen dengan cara apapun. Semua dilindungi oleh Hak Cipta.

Diterbitkan di Dallas oleh *Love God Greatly.*

Alkitab Terjemahan Baru © Lembaga Alkitab Indonesia, 1974, 2018

Sumber gambar:
unsplash.com

Sumber resep masakan:
Cindy, LGG Cabang Manado

Sumber informasi dan data:
Joshua Project, https://joshuaproject.net/languages/xmm, accessed February 2021.

DISAAT PARA WANITA
DIPERLENGKAPI DENGAN
PENGETAHUAN AKAN
KEBENARAN FIRMAN
TUHAN, DUNIA PUN AKAN
DIUBAHKAN, SATU WANITA
PER SATU WANITA.

JURNAL INI MILIK

....

TANGGAL

\ \
....

DAFTAR ISI

Anda
TELAH
DIDOAKAN;
BUKAN SATU
KEBETULAN
ANDA
BERPARTISIPASI
DALAM
PENDALAMAN
ALKITAB INI.

SELAMAT DATANG TEMAN!

Kami senang Anda telah memutuskan untuk bergabung dengan kami dalam pendalaman Alkitab ini. Anda telah didoakan; bukan satu kebetulan Anda berpartisipasi dalam pendalaman Alkitab ini.

Doa kami untuk Anda sederhana: agar Anda akan bertambah lebih dekat dengan Tuhan disaat Anda menggali Firman-Nya setiap hari. Setiap hari sebelum Anda membaca bagian Alkitab yang sudah ditentukan, berdoalah dan mintalah agar supaya Tuhan membantu Anda untuk dapat memahaminya. Undanglah Dia untuk berbicara kepada Anda melalui Firman-Nya. Kemudian dengarlah suara-Nya. Percayalah Dia akan setia untuk berbicara kepada Anda, dan setialah untuk mendengarkan-Nya dan menaati-Nya

Luangkan waktu untuk membaca ayat-ayat itu berulang kali. Alkitab memberitahu kita bahwa jika kita mencari hikmat seperti perak, dan mencarinya seperti harta terpendam, maka kita akan mengerti bagaimana takut akan Tuhan, dan kita akan menemukan pengetahuan tentang Tuhan (Amsal 2:4-5).

Kami semua di *Love God Greatly* tidak sabar menunggu Anda untuk mulai, dan kami berharap dapat melihat Anda di garis akhir. Teguhkan hati, bertekunlah, dan terus maju; jangan menyerah! Selesaikan dengan baik apa yang Anda mulai hari ini.

Kami akan berada di sini di setiap langkah, memberikan semangat untuk Anda! Kita berada dalam hal ini bersama. Berharaplah bahwa Tuhan menyediakan banyak hal untuk Anda dalam pendalaman Alkitab ini. Marilah bersama-sama, di saat kita belajar untuk mengasihi Tuhan sungguh-sungguh dengan hidup kami!

KITA SALING MEMBUTUHKAN SATU DENGAN YANG LAIN, DAN KITA HIDUP LEBIH BAIK BERSAMA. APAKAH ANDA BERSEDIA UNTUK MENGUNDANG DAN MELAKUKAN PENDALAMAN ALKITAB INI DENGAN SEORANG WANITA?

*L*ove *God Greatly* ada untuk menginspirasi, menyemangati, dan melengkapi wanita-wanita di seluruh dunia untuk menjadikan Firman Tuhan sebagai bagian yang utama dalam hidup mereka.

MENGINSPIRASI para wanita untuk menjadikan Firman Tuhan bagian utama dalam hidup mereka sehari-hari dengan bahan-bahan pendalaman Alkitab.

MENYEMANGATI para wanita dalam perjalanan mereka dengan Tuhan melalui komunitas daring dan akuntabilitas pribadi.

MELENGKAPI para wanita untuk bertumbuh dalam iman mereka sehingga mereka dapat secara efektif menjangkau orang lain bagi Kristus.

Kita mulai dengan rencana pembacaan Alkitab sederhana, tetapi tidak berhenti di situ. Beberapa wanita berkumpul di rumah dan gereja lokal, sementara yang lain berkumpul secara daring dengan wanita-wanita di seluruh dunia. Apapun caranya, kita saling berpegangan tangan dan bersatu dalam kasih untuk tujuan ini: untuk mengasihi Tuhan sungguh-sungguh dengan hidup kita.

Di *Love God Greatly*, Anda akan menemukan wanita sejati dan autentik. Anda akan menemukan wanita-wanita yang kurang menginginkan satu sama lain, dan lebih menginginkan Yesus. Para wanita yang ingin mengenal Tuhan melalui Firman-Nya karena kami percaya bahwa kebenaran mengubah dan memerdekakan kita. Wanita yang lebih baik bersama, tertanam dalam Firman Tuhan dan dalam komunitas satu sama lain.

Love God Greatly berkomitmen untuk menyediakan bahan-bahan pendalaman Alkitab yang berkualitas dan percaya bahwa keuangan tidak boleh menjadi penghalang bagi seorang wanita untuk dapat berpartisipasi dalam salah satu pelajaran kami. Semua jurnal dan tersedia untuk diunduh secara gratis dari LoveGodGreatly.com.

Jurnal dan buku kami juga tersedia untuk dijual di Amazon. Telusuri "Love God Greatly" dan "Love God Greatly Indonesian" untuk melihat semua jurnal dan buku pendalaman Alkitab kami.

ANDA AKAN BERJUMPA DENGAN WANITA-WANITA YANG TIDAK SEMPURNA, TAPI TELAH DIAMPUNI.

Love God Greatly adalah organisasi nirlaba 501 (C) (3). Pendanaan untuk *Love God Greatly* datang melalui donasi dan hasil penjualan dari dari jurnal dan buku pendalaman Alkitab kami.

Seratus persen dari hasil penjualan ini langsung kembali untuk mendukung *Love God Greatly* dan membantu kami untuk menginspirasi, mendorong, dan melengkapi wanita di seluruh dunia dengan Firman Tuhan.

Saling bergandengan dan berpegangan tangan, mari kita bersama-sama melakukan ini.

MISI KAMI

KEBUTUHAN

Milyaran wanita di seluruh dunia tidak memiliki akses ke Firman Tuhan dalam bahasa ibu mereka. Mereka yang memilikinya, tidak memiliki akses ke bahan-bahan pendalaman Alkitab wanita yang dirancang dan ditulis dengan khusus untuk mereka.

MISI

Di *Love God Greatly*, kami membuat bahan pendalaman Alkitab ke dalam lebih dari 30 bahasa. Kami melengkapi misionaris-misionaris, pelayanan-pelayanan, gereja-gereja lokal, dan wanita-wanita dengan Firman Tuhan pada tingkat yang belum pernah terjadi sebelumnya dengan memungkinkan jurnal kami diunduh dari situs internasional kami tanpa biaya.

Dengan mempelajari Alkitab dalam bahasa mereka sendiri dan berada dalam komunitas yang berpikiran sama, para wanita dilatih dan diperlengkapi dengan Firman Tuhan.

Kami percaya ketika para wanita membaca dan menerapkan Firman Tuhan dalam hidup mereka dan menerima kasih-Nya yang tidak berubah untuk mereka, dunia menjadi tempat yang lebih baik. Kami tahu satu wanita yang tinggal dalam Firman Tuhan dapat mengubah keluarga, komunitas, dan bangsa ... satu wanita pada satu waktu.

BERMITRA DENGAN KAMI

Kami ingin Anda bergabung dengan kami dalam misi kami untuk memberi para wanita di seluruh dunia akses ke Firman Tuhan dan sumber-sumber pendalaman Alkitab yang berkualitas! Untuk pertanyaan atau informasi lebih lanjut, silahkan menulis email kepada kami atau kunjungi kami di situs kami. Kami akan sangat senang mendengar dari Anda!

INFO@LOVEGODGREATLY.COM

LOVEGODGREATLY.COM

DI LOVE GOD GREATLY, KAMI MEMBUAT BAHAN PENDALAMAN ALKITAB KE DALAM LEBIH DARI 30 BAHASA.

SOAP

Metode Belajar Alkitab

D i *Love God Greatly*, kami percaya bahwa Firman Tuhan itu hidup dan aktif. Kata-kata yang tertulis di dalam Alkitab sangat berkuasa dan efektif serta relevan untuk kehidupan di sepanjang waktu dan dalam semua budaya. Untuk menafsirkan Alkitab dengan benar, kita membutuhkan pemahaman tentang konteks dan budaya dari tulisan aslinya.

Saat kita mempelajari Alkitab, kita akan menggunakan Metode Pembelajaran Alkitab SOAP. Singkatan dari *Scripture* (firman Tuhan), *Observation* (observasi), *Application* (aplikasi), and *Prayer* (doa). Satu hal saja yaitu membaca Alkitab. Ketika Anda berinteraksi dengan firman Tuhan, dengan sengaja mengambil waktu untuk merefleksikan, kebenaran itu mulai bermunculan dari halaman. Metode SOAP ini memungkinkan kita untuk menggali lebih dalam ke dalam firman Tuhan dan melihat lebih lagi daripada ketika kita hanya membaca ayat-ayatnya begitu saja. Itu memungkinkan kita bukan hanya menjadi pendengar Firman, tetapi juga pelaku (Yakobus 1:22).

ANDA TIDAK AKAN PERNAH MEMBUANG WAKTU DALAM FIRMAN TUHAN. ITU HIDUP, BERKUASA, DAN EFEKTIF, DAN TUHAN BERBICARA KEPADA KITA MELALUI FIRMAN-NYA.

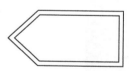

Dalam jurnal ini, kita membaca satu bagian dari firman Tuhan dan kemudian menerapkan Metode SOAP untuk ayat-ayat tertentu. Menggunakan metode ini memungkinkan kita untuk mendapatkan pemahaman yang lebih dalam tentang Kitab Suci, yang memungkinkan kita untuk menerapkannya secara efektif dalam kehidupan kita.

Hal yang terpenting dalam Metode SOAP adalah interaksi Anda dengan Firman Tuhan dan penerapannya dalam hidup Anda. Luangkan waktu untuk mempelajarinya dengan cermat, menemukan kebenaran karakter dan hati Tuhan bagi dunia.

Mempelajari Firman Tuhan bisa jadi satu tantangan dan bahkan membingungkan. Kita menggunakan metode SOAP untuk membantu dan menyederhanakan pembelajaran kita dan dapat fokus pada bagian-bagian utama.

SOAP

Metode Belajar Alkitab

S

SINGKATAN DARI
SCRIPTURE,
YANG ARTINYA
AYAT FIRMAN
TUHAN

*Ayat-ayat SOAP
yang tertulis di
halaman Alkitab.*

*Anda akan terkagum
pada apa yang Tuhan
akan nyatakan kepada
Anda hanya dengan
mengambil waktu
untuk duduk diam
dan menuliskan apa
yang Anda baca!*

O

SINGKATAN DARI
OBSERVATION,
YANG ARTINYA
OBSERVASI,
MENGAMATI,
MENELITI LEBIH
DALAM

*Apa yang Anda lihat
dalam ayat-ayat
yang Anda baca?*

*Siapa pendengar yang
dituju? Apakah ada
pengulangan kata?*

*Kata-kata apa yang
menonjol bagi Anda?*

A

SINGKATAN DARI
APPLICATION,
YANG ARTINYA
APLIKASI,
TERAPAN,
PRAKTEK

Ini adalah saat Firman
Tuhan menjadi pribadi.

Apa yang Tuhan katakan
kepada Anda hari ini?
Bagaimana Anda dapat
menerapkan apa yang
baru saja Anda baca
ke dalam kehidupan
pribadi Anda?

Perubahan apa
yang perlu Anda
lakukan? Apakah ada
tindakan yang perlu
Anda lakukan?

> **APPLICATION (APLIKASI)** / *tulis 1 - 2 aplikasi terapan*
>
> Mengingatkan diri saya bahwa kekuatan Tuhan lebih kuat dari apapun.
> Hafalkan ayat-ayat ini dan ucapkan setiap hari dalam minggu ini.
> Minta kepada Tuhan supaya Tuhan menguatkan iman saya kepada-Nya.
> Percaya pada Tuhan bahwa Dia akan membebaskan saya dari yang jahat.
> Berdoa untuk saudara-saudariku di dalam Kristus.
>
> **PRAYER (DOA)** / *tulis sebuah doa berdasarkan apa yang Anda pelajari*
>
> Ya Tuhan,
> Terima kasih untuk selalu ada, setia, dan penuh kasih terhadap saya dan hidup saya. Bantulah saya untuk terus percaya dan yakin kepada-Mu setiap hari dan di saat melewati masa-masa sulit.
> Bantulah saya untuk mengetahui bahwa Engkau selalu ada, di sini saya menjaga dan melindungi saya. Ingatkan saya tentang penderitaan orang lain, dan bantulah saya untuk mendorong mereka dalam pertumbuhan mereka.
> Saya meminta semua ini dalam nama Yesus. Amin.

P

SINGKATAN DARI *PRAYER*,
YANG ARTINYA DOA

Doakan Firman Tuhan kembali kepada-Nya.

Ambil waktu untuk berterima kasih kepada-Nya.

Jika Dia telah mengungkapkan sesuatu kepada Anda
saat Anda membaca Firman-Nya, doakanlah hal itu.

Jika Dia telah mengungkapkan dosa yang ada
dalam hidup Anda, akuilah itu dihadapa-Nya.

Dan ingat, Dia sangat mengasihimu.

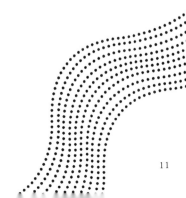

Hidup di dalam panggilan dan bimbingan Tuhan itu menantang, namun menguntungkan. Jelas bagi saya bahwa Tuhan, Sang Guru Agung, memanggil saya untuk melayani Dia melalui pendidikan. Sebagai seorang guru, saya sangat terberkati dapat bertemu dengan begitu banyak orang yang luar biasa. Saya telah mendidik generasi penerus selama tujuh tahun, bertahun-tahun dimana saya berada jauh dari kampung halaman dan keluarga saya.

SAYA TAHU TUHAN TELAH BEKERJA UNTUK MENJAWAB DOA SAYA UNTUK MELAYANI ORANG-ORANG SATU SUKU DENGAN SAYA.

Meskipun saya tidak lagi tinggal di kampung halaman saya di Indonesia, saya rindu untuk membagikan Injil dan melayani orang-orang satu suku dengan saya. Meskipun saya belum bisa pulang untuk selamanya, saya tetap ingin memberi kembali kepada komunitas di sana dan yakin bahwa, jika itu kehendak Tuhan, Dia akan melakukannya.

Ketika saya mendengar tentang *Love God Greatly* pada tahun 2020 dari seorang teman, saya terkejut mendengar pelayanan mereka untuk bangsa Indonesia. Dengan bahan-bahan pendalaman Alkitab dalam bahasa Indonesia, bersama dengan keinginan untuk berkembang ke lebih banyak bahasa daerah di Indonesia (termasuk bahasa ibu saya, Manado), saya tahu ini adalah satu hubungan yang telah diatur oleh Tuhan. Saya tahu Tuhan telah bekerja untuk menjawab doa saya untuk melayani orang-orang satu suku dengan saya.

Hati saya meluap dengan sukacita saat saya menerima undangan untuk menjadi anggota tim penerjemah bahasa Manado. Meskipun saya menemukan kesempatan ini melalui pelayanan *Love God Greatly*, saya tahu undangan ini datang dari Tuhan. Tuhan memenuhi keinginan hati saya untuk mengambil bagian dalam penginjilan di negeri tempat saya bertumbuh untuk mengenal Kristus, meski tinggal jauh. Saya memuji Dia, Tuhan yang menjawab doa. Dia mengenal saya secara pribadi, bahkan keinginan yang tak terucapkan yang saya miliki jauh di dalam hati saya. Hidup di dalam panggilan dan bimbingan Tuhan itu menantang, namun bermanfaat. Ketika Tuhan menaruh keinginan di dalam hati kita untuk kemuliaan-Nya, Dia akan melakukan apa yang Dia ingin lakukan dan Dia akan menunjukkan kepada kita jalannya (Amsal 3: 6).

Cindy

BAHASA   PEMBICARA   UNTUK TERHUBUNG DENGAN CABANG PELAYANAN INI
Manadonese   INTERNASIONAL   Facebook: fb.me/lggmanado
                1,168,000   Instagram: @lggmanado
                                   Email: lggmanado@gmail.com

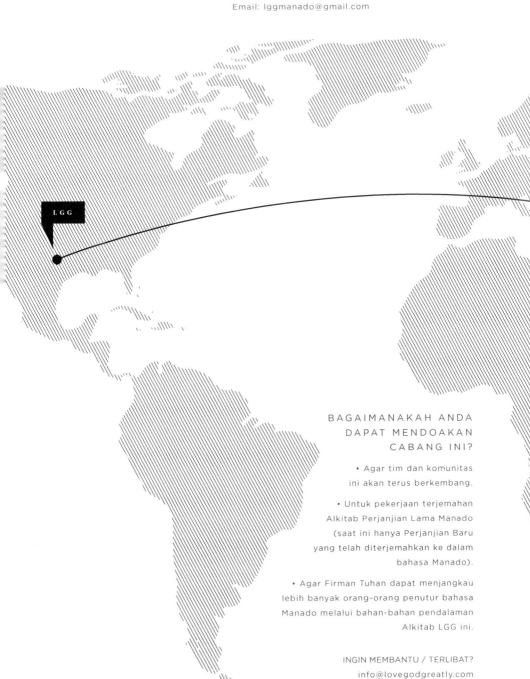

BAGAIMANAKAH ANDA
DAPAT MENDOAKAN
CABANG INI?

• Agar tim dan komunitas
ini akan terus berkembang.

• Untuk pekerjaan terjemahan
Alkitab Perjanjian Lama Manado
(saat ini hanya Perjanjian Baru
yang telah diterjemahkan ke dalam
bahasa Manado).

• Agar Firman Tuhan dapat menjangkau
lebih banyak orang-orang penutur bahasa
Manado melalui bahan-bahan pendalaman
Alkitab LGG ini.

INGIN MEMBANTU / TERLIBAT?
info@lovegodgreatly.com

SOROTAN BAHASA

PENJANGKAUAN GLOBAL

LGG Cabang Manado

INDONESIA

Apakah Anda mengenal seseorang yang dapat menggunakan bahan pendalaman Alkitab Love God Greatly di dalam bahasa Manado?

Jika ada, pastikan untuk memberi tahu mereka tentang semua bahan-bahan pendalaman Alkitab ini yang kami sediakan untuk membantu dan melengkapi mereka dengan Firman Tuhan!

RESEP

LGG Cabang Manado

Tinutuan

(BUBUR MANADO)
MAKANAN UNTUK SARAPAN

BAHAN

1 GELAS (200 G) BERAS, CUCI DAN BILAS

8 ½ GELAS (2 L) AIR

100 G UBI MERAH, KUPAS, POTONG
DADU ½ INCH (1 CM)

100 G LABU, KUPAS, POTONG
DADU ½ INCH (1 CM)

300 G JAGUNG

50 G DAUN BAYAM, CUCI

50 G KANGKUNG, CUCI

25 G DAUN BASIL, CUCI

1 ½ SDT GARAM

TABURAN DAN HIASAN

IKAN ASIN GORENG

TAHU GORENG

DABU-DABU
*(sambal, kombinasi cabe merah, tomat, bawang merah,
dan bahan tambahan lain seperti terasi, ikan asap, dll.)*

CARA MEMBUAT

Rebus beras, ubi, dan labu sampai halus. Masukkan bayam, kangkung,
daun basil, dan jagung. Bumbui dengan garam sesuai selera. Sajikan
dengan pilihan taburan dan hiasan.

KETAHUILAH KEBENARAN INI

ALLAH MENGASIHI ANDA

Firman Tuhan berkata, "Karena begitu besar kasih Allah akan dunia ini, sehingga Ia telah mengaruniakan Anak-Nya yang tunggal, supaya setiap orang yang percaya kepada-Nya tidak binasa, melainkan beroleh hidup yang kekal" (Yohanes 3:16)

DOSA KITA MEMISAHKAN KITA DARI ALLAH

Kita semua adalah orang berdosa secara alami dan karena pilihan, dan karena itu kita terpisah dari Allah, yang kudus. Firman Tuhan berkata, "Karena semua orang telah berbuat dosa dan telah kehilangan kemuliaan Allah" (Roma 3:23).

YESUS MATI SUPAYA KITA MEMILIKI HIDUP

Akibat dari dosa adalah kematian, tetapi anugerah keselamatan dari Allah tersedia bagi kita. Yesus menanggung hukuman atas dosa kita ketika Dia mati di kayu salib.

Firman Tuhan berkata, "Sebab upah dosa ialah maut; tetapi karunia Allah ialah hidup yang kekal dalam Kristus Yesus, Tuhan kita" (Roma 6:23); "Akan tetapi Allah menunjukkan kasih-Nya kepada kita, oleh karena Kristus telah mati untuk kita, ketika kita masih berdosa." (Roma 5:8).

YESUS HIDUP!

Kematian tidak dapat menahan-Nya, dan tiga hari setelah tubuh-Nya dimakamkan, Yesus bangkit kembali, mengalahkan dosa dan kematian selamanya. Dia hidup hari ini di surga dan sedang mempersiapkan tempat dalam kekekalan bagi semua yang percaya kepada-Nya.

Yesus berkata, "Di rumah Bapa-Ku banyak tempat tinggal. Jika tidak demikian, tentu Aku mengatakannya kepadamu. Sebab Aku pergi ke situ untuk menyediakan tempat bagimu. Dan apabila Aku telah pergi ke situ dan telah menyediakan tempat bagimu, Aku akan datang kembali dan membawa kamu ke tempat-Ku, supaya di tempat di mana Aku berada, kamu pun berada." (Yohanes 14:2–3).

ANDA DAPAT DIAMPUNI

Menerima Yesus sebagai Juruselamat Anda bukanlah apa yang dapat Anda lakukan, melainkan tentang memiliki iman kepada apa yang telah Yesus lakukan. Dibutuhkan pengakuan bahwa Anda adalah orang berdosa, percaya bahwa Yesus mati untuk dosa-dosa Anda, dan meminta pengampunan dengan menempatkan kepercayaan penuh Anda dalam pekerjaan Yesus di kayu salib bagi Anda.

Firman Tuhan berkata, "Sebab jika kamu mengaku dengan mulutmu, bahwa Yesus adalah Tuhan, dan percaya dalam hatimu, bahwa Allah telah membangkitkan Dia dari antara orang mati, maka kamu akan diselamatkan. Karena dengan hati orang percaya dan dibenarkan, dan dengan mulut orang mengaku dan diselamatkan." (Roma 10:9–10).

TERIMA KARUNIA KESELAMATAN DARI KRISTUS

Secara praktis, seperti apa bentuknya? Dengan hati yang tulus, Anda bisa mendoakan doa sederhana seperti ini:

Tuhan Yesus,

Saya tahu bahwa saya adalah orang berdosa. Saya tidak ingin menjalani hari lain tanpa menerima kasih dan pengampunan yang Engkau sediakan untuk saya. Tuhan ampunilah saya. Saya percaya bahwa Engkau telah mati untuk dosa-dosa saya dan bangkit dari kematian. Saya mau menyerahkan semua yang saya miliki dan meminta Engkau untuk menjadi Tuhan dalam hidup saya. Bantulah saya untuk berbalik dari dosa saya dan mengikuti Engkau. Ajarilah saya apa artinya berjalan dalam kemerdekaan saat saya hidup di bawah kasih karunia-Mu, dan bantulah saya untuk bertumbuh dengan cara-Mu saat saya berusaha untuk lebih mengenal-Mu. Amin.

KONEKSI DAN BERTUMBUH

Jika Anda baru saja mendoakan doa ini (atau doa yang serupa dengan kata-kata Anda sendiri), kami ingin terhubung dengan Anda!

Anda dapat mengirim surat elekronik kepada kami di info@lovegodgreatly. com (bahasa Inggris) atau cintatuhansesungguhnya@gmail.com (bahasa Indonesia). Kami ingin merayakannya bersama Anda, berdoa bersama Anda, dan membantu Anda untuk terhubung dengan gereja lokal. Kami di sini untuk memberi Anda penguatan saat Anda memulai hidup baru Anda sebagai anak Allah.

Marilah Mulai

PERSAHABATAN

Kuasa, tujuan dan penyediaan dalam persahabatan.

Kata Pengantar

Pada malam sebelum penyaliban Tuhan Yesus, Tuhan Yesus berdoa untuk semua orang percaya. Tuhan Yesus berdoa supaya semua orang yang percaya kepadaNya untuk tetap tinggal diam di dalam Dia. Kasih yang dimiliki orang percaya terhadap sesama menunjukkan kasih Bapa terhadap Anak dan dunia ini.

Karena begitu besar kasih Allah akan dunia ini, itulah alasan Allah mengutus Anak-Nya, Yesus, untuk berkorban menebus dosa-dosa kita. Tuhan Yesus menunjukkan kasih Allah akan dunia ini saat Dia memberikan nyawaNya untuk orang-orang berdosa. Yohanes 15:13 menuliskan "Tidak ada kasih yang lebih besar dari pada kasih seorang yang memberikan nyawanya untuk sahabat-sahabatnya." Pengorbanan Yesus adalah contoh utama dari persahabatan yang penuh kasih. Tuhan begitu mengasihi kita sehingga Dia mati supaya kita dapat hidup bersama Dia selamanya.

Kita diciptakan untuk berkomunitas dan berteman. Tuhan menciptakan manusia dalam konteks untuk memiliki hubungan dengan Dia dan sesama. Walaupun ide untuk hidup seorang diri terlihat sederhana dan menjauhkan kita dari luka-luka, kita tetap diciptakan untuk berkomunitas.

Kita tidak dapat bertahan tanpa adanya orang lain. Cara kita untuk peduli dan menanggung beban sesama menunjukkan pada dunia akan kasih Kristus.

Kita harus tetap waspada akan rencana dan tipu muslihat musuh, yang terus berusaha untuk menghancurkan hubungan-hubungan persahabatan kita, menciptakan ketidaksepakatan dan perpecahan di dalam tubuh Kristus. Dalam pembelajaran Alkitab selama enam minggu ini, kita akan belajar untuk mengenal hubungan persahabatan yang berkenan di hadapan Tuhan dan juga mengenali mana yang tidak sehat dan berbahaya.

Persahabatan adalah anugrah Tuhan yang begitu besar. Dalam menjalani hidup ini, kita butuh persahabatan yang akan membawa kita terus bertumbuh di dalam Tuhan, tetap teguh dalam pencobaan, dan melawan semua rencana musuh. Tuhan Yesus datang untuk bersahabat dengan dan melayani orang-orang berdosa, termasuk kita. Walaupun persahabatan kita tidak sempurna, kita harus terus untuk membangun sesama, meminta pengampunan dan memberikan pengampunan juga, dan persahabatan kita menjadi kesaksian yang bersinar untuk pemberitaan Injil Kabar Baik.

MINGGU 1: KEBUTUHAN KITA AKAN PERSAHABATAN

○ *Senin: Dirancang Untuk Persahabatan*
Baca: Kejadian 1:26-27, 1 Yohanes 1:3
SOAP: Kejadian 1:27

○ *Selasa: Diciptakan Untuk Komunitas*
Baca: Kejadian 2:18, Pengkhotbah 4:9-12, Matius 18:20
SOAP: Pengkhotbah 4:9-12

○ *Rabu: Akibat Dosa Terhadap Persahabatan*
Baca: Kejadian 3:8-13, Kejadian 4:6-8
SOAP: Kejadian 3:8

○ *Kamis: Persahabatan Yang Menggambarkan Injil*
Baca: Yohanes 13:35, 2 Korintus 5:18-20
SOAP: Yohanes 13:35

○ *Jumat: Sahabat-sahabat Menyingkirkan Atap Rumah*
Baca: Markus 2:1-5
SOAP: Markus 2:4

MINGGU 2: APAKAH PERSAHABATAN ALKITABIAH?

○ *Senin: Persahabatan Yang Berpusat Pada Kristus*
Baca: Roma 12:1-8, 1 Petrus 4:10
SOAP: Roma 12:4-5, 1 Petrus 4:10

○ *Selasa: Tujuan Dari Persahabatan Alkitabiah*
Baca: Yohanes 17:20-24
SOAP: Yohanes 17:22-23

○ *Rabu: Lebih Kental Dari Darah*
Baca: 1 Samuel 18:1-4, 1 Samuel 20
SOAP: 1 Samuel 18:1-4

○ *Kamis: Memikul Beban Satu Dengan Yang Lain*
Baca: Galatia 6:1-10
SOAP: Galatia 6:2

○ *Jumat: Dukungan Di Dalam Dunia Yang Tercemar*
Baca: Ibrani 10:24-25, Rut 1:16-17
SOAP: Ibrani 10:24-25

MINGGU 3: BERKAT PERSAHABATAN

○ *Senin: Peraturan Emas*
Baca: Lukas 6:31-36
SOAP: Lukas 6:31

○ *Selasa: Memperkatakan Kebenaran Dengan Kasih*
Baca: Amsal 27:5-6, Amsal 28:23, Efesus 4:15-16
SOAP: Efesus 4:15-16

○ *Rabu: Seorang Sahabat Yang Dapat Dipercaya*
Baca: Amsal 11:13
SOAP: Amsal 11:13

○ *Kamis: Sahabat-sahabat Yang Saling Menajamkan*
Baca: Amsal 27:17, Amsal 27:9
SOAP: Amsal 27:17

○ *Jumat: Kebutuhan Pengampunan*
Baca: Kolose 3:12-14, Efesus 4:32, Amsal 17:17
SOAP: Kolose 3:12-14

MINGGU 4: PERSAHABATAN YANG BERBAHAYA

○ *Senin: Persahabatan Yang Palsu*
Baca: Amsal 17:9, Roma 16:17-18, 2 Timotius 3:2-5
SOAP: Roma 16:17-18

○ *Selasa: Ancaman Untuk Persahabatan Alkitabiah*
Baca: Efesus 6:12, Amsal 11:9, Amsal 11:13
SOAP: Efesus 6:12

○ *Rabu: Tanda-tanda Peringatan*
Baca: Amsal 22:24-25, Amsal 27:4, 1 Korintus 15:33, Yakobus 4:4-6
SOAP: Yakobus 4:4

○ *Kamis: Dampak Perkataan Kita*
Baca: Efesus 4:29, Amsal 16:24, Amsal 16:28
SOAP: Efesus 4:29

○ *Jumat: Pentingnya Kasih*
Baca: 1 Korintus 13, Amsal 12:26
SOAP: 1 Korintus 13:4-7

MINGGU 5: YESUS, SEORANG SAHABAT BAGI ORANG-ORANG BERDOSA

○ *Senin: Yesus, Sahabat Orang-orang Berdosa*
Baca: Yohanes 8:1-11, 1 Timotius 1:15, Lukas 5:31-32, Lukas 7:34-35
SOAP: 1 Timotius 1:15

○ *Selasa: Lingkaran Luar, Lingkaran Dalam*
Baca: Markus 3:13-19, Markus 5:37, Markus 9:2-8
SOAP: Markus 9:2

○ *Rabu: Menyelamatkan Yang Terhilang*
Baca: Lukas 15:1-10, Lukas 19:1-10
SOAP: Lukas 19:10

○ *Kamis: Mengasihi Sesama*
Baca: Markus 12:30-31, Galatia 5:14-17
SOAP: Galatia 5:14

○ *Jumat: Memecahkan Roti (Perjamuan) Bersama*
Baca: Kisah Para Rasul 2:42-47, Kisah Para Rasul 20:7
SOAP: Kisah Para Rasul 2:46-47

MINGGU 6: PENYEDIAAN DALAM PERSAHABATAN

○ *Senin: Yesus, Sahabat Terbaik dan Utama Kita*
Baca: 1 Petrus 5:6-7
SOAP: 1 Petrus 5:7

○ *Selasa: Dia Memanggil Anda Sahabat*
Baca: Yohanes 15:14-17
SOAP: Yohanes 15:15

○ *Rabu: Dia Sahabat Kita Yang Setia*
Baca: Amsal 18:24, Ibrani 13:5-6
SOAP: Amsal 18:24

○ *Kamis: Pengorbanan Yang Terbesar*
Baca: Yohanes 15:13, Roma 5:8, Efesus 5:1-2
SOAP: Yohanes 15:13

○ *Jumat: Persahabatan Yang Menghidupkan*
Baca: Filipi 2:1-18, Roma 12:9-21
SOAP: Roma 12:9-10

Tulislah tiga tujuan yang ingin Anda fokuskan saat Anda memulai setiap hari dan menggali Firman Tuhan. Pastikan Anda merujuk kembali ke tujuan-tujuan ini selama minggu-minggu berikutnya untuk membantu Anda tetap fokus. Anda bisa melakukannya!

SATU

....
....
....
....
....
....
....

DUA

....
....
....
....
....
....
....

TIGA

....
....
....
....
....
....
....

Dengan demikian semua orang akan tahu, bahwa kamu adalah murid-murid-Ku, yaitu jikalau kamu saling mengasihi.

Yohanes 13:35

DOA

Tulislah doa-doa dan ucapan syukur
Anda untuk minggu ini

....

....

....

....

....

....

....

....

....

....

....

....

....

TANTANGAN MINGGUAN

Bagaimana teman-teman dari orang yang lumpuh di Markus 2 menunjukkan persahabatan yang baik? Bagaimana mereka menunjukkan pentingnya komunitas? Apa yang dapat Anda lakukan untuk teman-teman Anda di minggu ini untuk menunjukkan komitmen dan dedikasi Anda seperti di kisah Markus 2?

....

....

....

....

....

....

....

Kejadian 1:26-27

26 Berfirmanlah Allah: "Baiklah Kita menjadikan manusia menurut gambar dan rupa Kita, supaya mereka berkuasa atas ikan-ikan di laut dan burung-burung di udara dan atas ternak dan atas seluruh bumi dan atas segala binatang melata yang merayap di bumi."

27 Maka Allah menciptakan manusia itu menurut gambar-Nya, menurut gambar Allah diciptakan-Nya dia; laki-laki dan perempuan diciptakan-Nya mereka.

1 Yohanes 1:3

3 Apa yang telah kami lihat dan yang telah kami dengar itu, kami beritakan kepada kamu juga, supaya kamupun beroleh persekutuan dengan kami. Dan persekutuan kami adalah persekutuan dengan Bapa dan dengan Anak-Nya, Yesus Kristus.

SOAP

SOAP / *Kejadian 1:27*
SCRIPTURE (FIRMAN TUHAN) / *tulis ayat-ayat SOAP*

OBSERVATION (OBSERVASI) / *tulis 3 - 4 observasi, pengamatan*

APPLICATION (APLIKASI) / *tulis 1 - 2 aplikasi terapan*

PRAYER (DOA) / *tulis sebuah doa berdasarkan apa yang Anda pelajari*

SOAP

Kejadian 1:27

Maka Allah menciptakan manusia itu menurut gambar-Nya, menurut gambar Allah diciptakan-Nya dia; laki-laki dan perempuan diciptakan-Nya mereka.

RENUNGAN

Di awal Alkitab, kita diberi gambaran tentang bagaimana Tuhan menciptakan kita. Kita tidak diciptakan dengan kecelakaan atau tidak disengaja, namun kita diciptakan dalam gambar Tuhan. Dari segala yang Tuhan ciptakan, Dia menciptakan manusia sebagai makhluk yang akan memerintah ciptaan dan menunjukkan kepada dunia siapa Dia. Status istimewa ini memiliki banyak arti, namun kita dapat yakin bahwa Tuhan menciptakan kita untuk ada dalam hubungan satu dengan yang lain.

Tuhan kita trinitas. Salah satu cara kita menyatakan realitas yang unik (dan sering membingungkan) ini adalah bahwa kita diciptakan untuk hidup dalam komunitas dengan mereka yang sama dan berbeda dengan kita. Bahkan kenyataan bahwa Tuhan menciptakan manusia sebagai laki-laki dann perempuan juga mengatakan pada kita bahwa Tuhan bersukacita akan keragaman dalam persatuan. Hubungan dengan orang lain bukan pilihan atau hal yang tidak perlu. Kita memerlukan orang lain karena Tuhan menciptakan kita sedemikian. Hubungan kita mungkin terganggu karena dosa – dosa kita, dosa orang lain, atau rusaknya dunia di sekitar kita – namun hubungan adalah hadiah dari Tuhan.

DOA

Tuhan, terima kasih Engkau menciptakan aku sesuai gambaran-Mu. Terima kasih atas hubungan didalam hidupku. Bantu aku mengingat betapa pentingnya hubungan tersebut sehingga aku dapat memperlakukan orang lain sebagaimana mereka diciptakan dalam gambaran-Mu. Amin.

Kejadian 2:18

18 TUHAN Allah berfirman: "Tidak baik, kalau manusia itu seorang diri saja. Aku akan menjadikan penolong baginya, yang sepadan dengan dia."

Pengkhotbah 4:9-12

9 Berdua lebih baik dari pada seorang diri, karena mereka menerima upah yang baik dalam jerih payah mereka. 10 Karena kalau mereka jatuh, yang seorang mengangkat temannya, tetapi wai orang yang jatuh, yang tidak mempunyai orang lain untuk mengangkatnya! 11 Juga kalau orang tidur berdua, mereka menjadi panas, tetapi bagaimana seorang saja dapat menjadi panas? 12 Dan bilamana seorang dapat dialahkan, dua orang akan dapat bertahan. Tali tiga lembar tak mudah diputuskan.

Matius 18:20

20 Sebab di mana dua atau tiga orang berkumpul dalam Nama-Ku, di situ Aku ada di tengah-tengah mereka."

SOAP / *Pengkhotbah 4:9-12*
SCRIPTURE (FIRMAN TUHAN) / *tulis ayat-ayat SOAP*

OBSERVATION (OBSERVASI) / *tulis 3 - 4 observasi, pengamatan*

APPLICATION (APLIKASI) / *tulis 1 - 2 aplikasi terapan*

PRAYER (DOA) / *tulis sebuah doa berdasarkan apa yang Anda pelajari*

SOAP

Pengkotbah 4:9-12

Berdua lebih baik dari pada seorang diri, karena mereka menerima upah yang baik dalam jerih payah mereka. Karena kalau mereka jatuh, yang seorang mengangkat temannya, tetapi wai orang yang jatuh, yang tidak mempunyai orang lain untuk mengangkatnya! Juga kalau orang tidur berdua, mereka menjadi panas, tetapi bagaimana seorang saja dapat menjadi panas? Dan bilamana seorang dapat dialahkan, dua orang akan dapat bertahan. Tali tiga lembar tak mudah diputuskan.

RENUNGAN

Kita diciptakan untuk mengandalkan orang lain. Terkadang kita dapat tertipu dan percaya bahwa sebelum dosa masuk ke dalam dunia, manusia hidup mandiri, dapat melakukan segala sesuatu sendiri. Namun kita diciptakan, bahkan sebelum dosa ada, sebagai makhluk yang terbatas: dengan kekuatan dan kemampuan yang terbatas. Kita diciptakan kecil dan lemah dibanding ciptaan lain yang dibuat Tuhan. Dari awal cerita, kita diciptakan untuk memerlukan satu sama lain.

Bagian Pengkotbah ini adalah tentang persahabatan, dan ayat-ayat ini menggambarkan keuntungan yang indah dari hidup dalam komunitas. Kita dapat bekerjasama untuk menyelesaikan lebih banyak hal, membantu satu sama lain ketika kita jatuh, melindungi satu sama lain dari dinginnya dunia, dan kita dapat berjuang melawan yang jahat. Ini adalah pengingat bahwa hubungan kita memiliki tujuan: hubungan tidak hanya tentang saat-saat indah; hubungan juga hadiah dari Tuhan kepada kita dalam masa yang sukar. Kita perlu membangun hubungan yang memenuhi tujuan ini dengan melayani satu sama lain dengan rendah hati dan memberi contoh memperhatikan satu sama lain.

DOA

Tuhan, terima kasih untuk gambaran persahabatan. Tunjukkan orang-orang di dalam hidupku yang dapat kulayani lebihi baik lagi dan orang-orang yang yang dapat kubangun hubungan lebih baik. Amin.

Kejadian 3:8-13

8 Ketika mereka mendengar bunyi langkah TUHAN Allah, yang berjalan-jalan dalam taman itu pada waktu hari sejuk, bersembunyilah manusia dan isterinya itu terhadap TUHAN Allah di antara pohon-pohonan dalam taman. 9 Tetapi TUHAN Allah memanggil manusia itu dan berfirman kepadanya: "Di manakah engkau?" 10 Ia menjawab: "Ketika aku mendengar, bahwa Engkau ada dalam taman ini, aku menjadi takut, karena aku telanjang; sebab itu aku bersembunyi." 11 Firman-Nya: "Siapakah yang memberitahukan kepadamu, bahwa engkau telanjang? Apakah engkau makan dari buah pohon, yang Kularang engkau makan itu?" 12 Manusia itu menjawab: "Perempuan yang Kautempatkan di sisiku, dialah yang memberi dari buah pohon itu kepadaku, maka kumakan." 13 Kemudian berfirmanlah TUHAN Allah kepada perempuan itu: "Apakah yang telah kauperbuat ini?" Jawab perempuan itu: "Ular itu yang memperdayakan aku, maka kumakan."

Kejadian 4:6-8

6 Firman TUHAN kepada Kain: "Mengapa hatimu panas dan mukamu muram? 7 Apakah mukamu tidak akan berseri, jika engkau berbuat baik? Tetapi jika engkau tidak berbuat baik, dosa sudah mengintip di depan pintu; ia sangat menggoda engkau, tetapi engkau harus berkuasa atasnya."

8 Kata Kain kepada Habel, adiknya: "Marilah kita pergi ke padang." Ketika mereka ada di padang, tiba-tiba Kain memukul Habel, adiknya itu, lalu membunuh dia.

SOAP

SOAP / *Kejadian 3:8*
SCRIPTURE (FIRMAN TUHAN) / *tulis ayat-ayat SOAP*

OBSERVATION (OBSERVASI) / *tulis 3 - 4 observasi, pengamatan*

APPLICATION (APLIKASI) / *tulis 1 - 2 aplikasi terapan*

_____

_____

_____

_____

_____

_____

_____

_____

_____

_____

_____

PRAYER (DOA) / *tulis sebuah doa berdasarkan apa yang Anda pelajari*

_____

_____

_____

_____

_____

_____

_____

_____

_____

_____

_____

_____

_____

_____

_____

SOAP

Kejadian 3:8

Ketika mereka mendengar bunyi langkah TUHAN Allah, yang berjalan-jalan dalam taman itu pada waktu hari sejuk, bersembunyilah manusia dan isterinya itu terhadap TUHAN Allah di antara pohon-pohonan dalam taman.

RENUNGAN

Masuknya dosa ke dalam dunia mempengaruhi manusia dalam banyak hal. Dunia yang kita tinggali berubah secara mendasar. Dunia yang kita tinggali berubah: hubungan kita dengan Tuhan menjadi retak dan orientasi kita berubah menjadi ke dalam diri sendiri. Kita terus membuat pilihan yang egois dan penuh dosa yang menyakiti diri sendiri, orang lain, dan Tuhan. Dosa mempengaruhi hubungan kita – secara vertikal dan horisontal. Kita terpisah dari Tuhan akibat dosa, dan kita terpisah satu sama lain.

Bahkan usaha kita menciptakan komunitas juga tercemar dosa: ketika Adam dan Hawa bersembunyi dari Tuhan, mereka bekerja bersama namun dengan cara yang merusak diri sendiri. Hubungan mereka satu sama lain dirusakkan oleh dosa (3:12-3:16), namun merekajuga menggunakan hubungan mereka untuk menjauhkan diri dari Tuhan. Hubungan adalah hadiah yang baik dari Tuhan, namun kita ciptaan yang berdosa sangat pintar dalam mengambil hadiah yang baik dan merusaknya. Kita dapat menggunakan hubungan kita untuk berdosa bersama-sama, khususnya dengan bergosip, mengucilkan orang lain, membenarkan dosa orang lain, atau mengandalkan manusia untuk hal yang hanya dapat diberikan oleh Tuhan.

DOA

Tuhan, terima kasih atas hadiah persahabatan. Jaga hatiku, Tuhan, dari godaan untuk menggunakan hubunganku untuk berdosa satu sama lain dan berdosa kepada Tuhan. Aku tidak ingin bersembunyi dari Engkau. Aku ingin memiliki hubungan dengan Engkau. Amin.

Yohanes 13:35

35 Dengan demikian semua orang akan tahu, bahwa kamu adalah murid-murid-Ku, yaitu jikalau kamu saling mengasihi."

2 Korintus 5:18-20

18 Dan semuanya ini dari Allah, yang dengan perantaraan Kristus telah mendamaikan kita dengan diri-Nya dan yang telah mempercayakan pelayanan pendamaian itu kepada kami. 19 Sebab Allah mendamaikan dunia dengan diri-Nya oleh Kristus dengan tidak memperhitungkan pelanggaran mereka. Ia telah mempercayakan berita pendamaian itu kepada kami. 20 Jadi kami ini adalah utusan-utusan Kristus, seakan-akan Allah menasihati kamu dengan perantaraan kami; dalam nama Kristus kami meminta kepadamu: berilah dirimu didamaikan dengan Allah.

SOAP / *Yohanes 13:35*
SCRIPTURE (FIRMAN TUHAN) / *tulis ayat-ayat SOAP*

OBSERVATION (OBSERVASI) / *tulis 3 - 4 observasi, pengamatan*

APPLICATION (APLIKASI) / *tulis 1 - 2 aplikasi terapan*

PRAYER (DOA) / *tulis sebuah doa berdasarkan apa yang Anda pelajari*

SOAP

Yohanes 13:35

Dengan demikian semua orang akan tahu, bahwa kamu adalah murid-murid-Ku, yaitu jikalau kamu saling mengasihi.

RENUNGAN

Kita menjadi saksi kepada dunia dengan lebih dari perkataan kita. Perkataan kita penting: kita perlu membagikan Injil kepada dunia yang lelah dengan mengatakan kebenaran kepada mereka. Yesus melakukan lebih dari itu. Dia menjalani hidup sedemikian rupa sehingga mengundang orang-orang untuk mengikuti-Nya. Dia menciptakan komunitas orang-orang yang hidup dengan sangat berbeda yang membuat orang lain bingung, ingin tahu, dan terkadang marah. Saat kita membawa pesan yang aneh dan radikal ini kepada dunia, kita dapat menunjukkan arti yang sejati kepada dunia dengan menunjukkan kasih satu sama lain.

Kita telah diberi tugas oleh Tuhan untuk memulihkan hubungan. Dalam dunia yang tercemar oleh dosa, kasih dengan pengorbanan diri adalah hal yang tidak biasa. Hubungan individu kita satu sama lain, gereja kita, kelompok kecil dan studi Alkitab kita, komunitas kita – semua hubungan ini dapat menunjukkan kuasa Injil. Kita sendiri tidak mampu memberikan kasih yang akan memberitakan kepada orang-orang lain bahwa kita adalah murid Yesus. Namun dengan kuasa Roh Kudus, kita dapat menunjukkan pada dunia jenis hubungan yang tidak pernah mereka lihat sebelumnya.

DOA

Tuhan, bekerjalah didalamku! Buat aku semakin seperti Anak-Mu, yang menunjukkan kasih yang besar kepada dunia. Bantu aku untuk memiliki kasih kepada sesama yang akan menunjukkan kepada mereka siapa Engkau. Amin.

Markus 2:1-5

1 Kemudian, sesudah lewat beberapa hari, waktu Yesus datang lagi ke Kapernaum, tersiarlah kabar, bahwa Ia ada di rumah. 2 Maka datanglah orang-orang berkerumun sehingga tidak ada lagi tempat, bahkan di muka pintupun tidak. Sementara Ia memberitakan firman kepada mereka, 3 ada orang-orang datang membawa kepada-Nya seorang lumpuh, digotong oleh empat orang. 4 Tetapi mereka tidak dapat membawanya kepada-Nya karena orang banyak itu, lalu mereka membuka atap yang di atas-Nya; sesudah terbuka mereka menurunkan tilam, tempat orang lumpuh itu terbaring. 5 Ketika Yesus melihat iman mereka, berkatalah Ia kepada orang lumpuh itu: "Hai anak-Ku, dosamu sudah diampuni!"

SOAP / *Markus 2:4*
SCRIPTURE (FIRMAN TUHAN) / *tulis ayat-ayat SOAP*

_____

_____

_____

_____

_____

_____

_____

_____

_____

_____

_____

_____

_____

_____

_____

_____

OBSERVATION (OBSERVASI) / *tulis 3 - 4 observasi, pengamatan*

_____

_____

_____

_____

_____

_____

_____

_____

APPLICATION (APLIKASI) / *tulis 1 - 2 aplikasi terapan*

PRAYER (DOA) / *tulis sebuah doa berdasarkan apa yang Anda pelajari*

SOAP

Markus 2:4

Tetapi mereka tidak dapat membawanya kepada-Nya karena orang banyak itu, lalu mereka membuka atap yang di atas-Nya; sesudah terbuka mereka menurunkan tilam, tempat orang lumpuh itu terbaring.

RENUNGAN

Apa artinya menjadi teman yang baik? Teman-teman dalam bacaan ini adalah contoh kuat dari arti menjadi teman yang sejati, Teman-teman ini tahu akan penderitaan teman mereka dan mencari kesembuhan dari Yesus. Ketika orang banyak menghalangi kesembuhan teman mereka, mereka tidak menyerah. Mereka menemukan solusi kreatif yang menunjukkan iman besar. Ketika dikatakan bahwa Yesus melihat iman mereka, itu berarti Yesus melihat iman dari teman-teman yang bekerja keras, dan melihat iman orang yang lumpuh.

Diperlukan iman untuk berjuang bagi teman-teman Anda, dan diperlukan iman untuk membiarkan mereka berjuang bagi Anda. Ketika teman-teman kita menderita, kita perlu menjadi teman yang akan berjuang untuk mencari kelegaan dan kesembuhan dari Tuhan. Ketika kita menderita, kita perlu berhenti berusaha sendiri dan membiarkan teman-teman kita menanggung beban kita. Kita tidak diciptakan untuk mandiri; kita diciptakan dengan kebutuhan akan hubungan yang akan menunjukkan kita kembali kepada Tuhan.

DOA

Tuhan, tunjukkan padaku orang-orang dalam hidupku yang sedang menderita. Beri aku sumber daya untuk melayani mereka dengan baik dan beri aku perkataan yang tepat untuk menghibur mereka dan memuliakan Engkau. Amin.

1. Bagaimana kita dirancang untuk persahabatan dan komunitas? Bagaimana seharusnya kita hidup mengetahui bahwa kita dirancang sedemikian?

   ....
   ....
   ....

2. Bagaimana hidup dalam komunitas memberikan manfaat bagi hidup kita dan hidup orang lain?

   ....
   ....
   ....

3. Bagaimana dosa yang masuk ke dunia mempengaruhi kemampuan kita untuk hidup dalam komunitas dengan Tuhan? Bagaimana dosa mempengaruhi kemampuan kita untuk hidup dalam komunitas dengan orang lain?

   ....
   ....
   ....

4. Bagaimana kasih kita untuk teman-teman kita dan orang-orang percaya lain dalam Kristus menunjukkan kasih Tuhan kepada dunia?

   ....
   ....
   ....

5. Bagaimana kita dapat melakukan pelayanan rekonsiliasi dan menjadi contoh dari kasih Kristus kepada dunia?

   ....
   ....
   ....

Dan Aku telah memberikan kepada mereka kemuliaan yang Engkau berikan kepada-Ku, supaya mereka menjadi satu, sama seperti Kita adalah satu: Aku di dalam mereka dan Engkau di dalam Aku supaya mereka sempurna menjadi satu, agar dunia tahu, bahwa Engkau yang telah mengutus Aku dan bahwa Engkau mengasihi mereka, sama seperti Engkau mengasihi Aku.

Yohanes 17:22-23

DOA

Tulislah doa-doa dan ucapan syukur
Anda untuk minggu ini

....

....

....

....

....

....

....

....

....

....

....

....

TANTANGAN MINGGUAN

Apa yang dapat Anda lakukan di minggu ini untuk mendorong teman-temanmu untuk menunjukkan
kasih dan berbuat baik terhadap sesama? Minggu ini, luangkan waktu dengan teman-teman Anda,
dan usahakan untuk membangun dan menguatkan satu sama lain dengan Firman Tuhan.

....

....

....

....

....

....

....

Roma 12:1-8

1 Karena itu, saudara-saudara, demi kemurahan Allah aku menasihatkan kamu, supaya kamu mempersembahkan tubuhmu sebagai persembahan yang hidup, yang kudus dan yang berkenan kepada Allah: itu adalah ibadahmu yang sejati. 2 Janganlah kamu menjadi serupa dengan dunia ini, tetapi berubahlah oleh pembaharuan budimu, sehingga kamu dapat membedakan manakah kehendak Allah: apa yang baik, yang berkenan kepada Allah dan yang sempurna.

3 Berdasarkan kasih karunia yang dianugerahkan kepadaku, aku berkata kepada setiap orang di antara kamu: Janganlah kamu memikirkan hal-hal yang lebih tinggi dari pada yang patut kamu pikirkan, tetapi hendaklah kamu berpikir begitu rupa, sehingga kamu menguasai diri menurut ukuran iman, yang dikaruniakan Allah kepada kamu masing-masing. 4 Sebab sama seperti pada satu tubuh kita mempunyai banyak anggota, tetapi tidak semua anggota itu mempunyai tugas yang sama, 5 demikian juga kita, walaupun banyak, adalah satu tubuh di dalam Kristus; tetapi kita masing-masing adalah anggota yang seorang terhadap yang lain. 6 Demikianlah kita mempunyai karunia yang berlain-lainan menurut kasih karunia yang dianugerahkan kepada kita: Jika karunia itu adalah untuk bernubuat baiklah kita melakukannya sesuai dengan iman kita. 7 Jika karunia untuk melayani, baiklah melayani; jika karunia untuk mengajar, baiklah kita mengajar; 8 jika karunia untuk menasihati, baiklah kita menasihati. Siapa yang membagi-bagikan sesuatu, hendaklah ia melakukannya dengan hati yang ikhlas; siapa yang memberi pimpinan, hendaklah ia melakukannya dengan rajin; siapa yang menunjukkan kemurahan, hendaklah ia melakukannya dengan sukacita.

1 Petrus 4:10

10 Layanilah seorang akan yang lain, sesuai dengan karunia yang telah diperoleh tiap-tiap orang sebagai pengurus yang baik dari kasih karunia Allah.

SOAP / *Roma 12:4-5, 1 Petrus 4:10*
SCRIPTURE (FIRMAN TUHAN) / *tulis ayat-ayat SOAP*

OBSERVATION (OBSERVASI) / *tulis 3 - 4 observasi, pengamatan*

APPLICATION (APLIKASI) / *tulis 1 - 2 aplikasi terapan*

PRAYER (DOA) / *tulis sebuah doa berdasarkan apa yang Anda pelajari*

SOAP

Roma 12:4-5

Demikian juga kita, walaupun banyak, adalah satu tubuh di dalam Kristus; tetapi kita masing-masing adalah anggota yang seorang terhadap yang lain.

1 Petrus 4:10

Layanilah seorang akan yang lain, sesuai dengan karunia yang telah diperoleh tiap-tiap orang sebagai pengurus yang baik dari kasih karunia Allah.

RENUNGAN

Terkadang kita menginginkan bahwa teman-teman kita lebih seperti kita – bahwa mereka memiliki kepentingan yang sama seperti kita, merasakan hal yang sama seperti yang kita rasakan, setuju dengan kita dalam segala hal – namun kabar baiknya adalah bahwa kita semua tidaklah sama. Kita dapat menguatkan dan mendorong satu sama lain dengan cara yang unik karena kita semua memiliki karunia yang berbeda. Seseorang mungkin memiliki iman yang kuat sehingga teman lain dapat bersandar ketika mereka berjuang untuk mempercayai Tuhan. Seorang lain mungkin mengerti Alkitab dengan jelas dan dapat menjelaskannya kepada teman lain. Karunia-karunia ini bukanlah untuk kita nikmati secara individual, namun karunia-karunia ini diberikan Tuhan bagi kita untuk melayani satu sama lain dan menjadi bersatu bersama dalam Kristus.

Kita adalah milik satu sama lain, dan kita tidak memiliki hak untuk menggunakan karunia kita hanya bagi keuntungan diri sendiri. Persahabatan dapat membantu kita bersaing atau membandingkan karunia, mencari panggung kita sendiri, atau mengecilkan karunia orang lain. Kita ada di kelompok yang sama, dan karunia kita adalah untuk memperlengkapi satu sama lain.

DOA

Tuhan, tunjukkan aku bagaimana menggunakan karunia-karunia aku untuk melayani tubuh Kristus. Tunjukkan pada aku bagaimana mendorong teman-teman aku dalam karunia mereka dan sungguh bersukacita akan mereka, dan bukannya bersaing atau membandingkan. Bantu kami menunjukkan kepada dunia apa artinya bersatu dalam Engkau. Amin.

Yohanes 17:20-24

20 Dan bukan untuk mereka ini saja Aku berdoa, tetapi juga untuk orang-orang, yang percaya kepada-Ku oleh pemberitaan mereka; 21 supaya mereka semua menjadi satu, sama seperti Engkau, ya Bapa, di dalam Aku dan Aku di dalam Engkau, agar mereka juga di dalam Kita, supaya dunia percaya, bahwa Engkaulah yang telah mengutus Aku. 22 Dan Aku telah memberikan kepada mereka kemuliaan, yang Engkau berikan kepada-Ku, supaya mereka menjadi satu, sama seperti Kita adalah satu: 23 Aku di dalam mereka dan Engkau di dalam Aku supaya mereka sempurna menjadi satu, agar dunia tahu, bahwa Engkau yang telah mengutus Aku dan bahwa Engkau mengasihi mereka, sama seperti Engkau mengasihi Aku.

24 Ya Bapa, Aku mau supaya, di manapun Aku berada, mereka juga berada bersama-sama dengan Aku, mereka yang telah Engkau berikan kepada-Ku, agar mereka memandang kemuliaan-Ku yang telah Engkau berikan kepada-Ku, sebab Engkau telah mengasihi Aku sebelum dunia dijadikan.

SOAP / *Yohanes 17:22-23*
SCRIPTURE (FIRMAN TUHAN) / *tulis ayat-ayat SOAP*

OBSERVATION (OBSERVASI) / *tulis 3 - 4 observasi, pengamatan*

APPLICATION (APLIKASI) / *tulis 1 - 2 aplikasi terapan*

PRAYER (DOA) / *tulis sebuah doa berdasarkan apa yang Anda pelajari*

SOAP

Yohanes 17:22-23

17:22 Dan Aku telah memberikan kepada mereka kemuliaan, yang Engkau berikan kepada-Ku, supaya mereka menjadi satu, sama seperti Kita adalah satu: 17:23 Aku di dalam mereka dan Engkau di dalam Aku supaya mereka sempurna menjadi satu, agar dunia tahu, bahwa Engkau yang telah mengutus Aku dan bahwa Engkau mengasihi mereka, sama seperti Engkau mengasihi Aku.

RENUNGAN

Dunia ini memiliki banyak pengalaman dengan hubungan yang tidak sehat. Orang yang tidak percaya di sekitar kita telah melihat persahabatan yang terdiri dari gosip dan pengucilan, teman yang hanya membantu satu sama lain ketika mereka mengharapkan imbalan, dan persahabatan yang hanya dipenuhi dengan pertengkaran dan perpecahan. Bagian dari kesaksian kita kepada dunia adalah menunjukkan sesuatu yang berbeda kepada mereka. Ketika persahabatan kita dibangun dari kasih yang penuh pengorbanan, hal itu menunjukkan kasih pengorbanan Kristus bagi dunia.

Bapa mengutus Anak-nya kedalam dunia untuk menunjukkan kasih yang sejati, dan Dia mengirim kita dengan misi yang sama. Ketika kita membangun hubungan yang ditandai dengan kejujuran, kasih karunia, dan pelayanan, kita akan menangkap perhatian orang-orang yang rindu akan keterhubungan. Hubungan seperti itu sangatlah jarang, dan kita memiliki kesempatan untuk tidak hanya menunjukkan gambaran hubungan itu kepada orang lain, namun juga menawarkan persahabatan itu kepada mereka. Ketika kita merasa frustrasi akan usaha pekabaran Injil kita yang gagal, mungkin kita perlu berpikir ulang dan bertanya bagaimana kita bisa menjadi teman yang baik untuk orang lain. Kasih kita satu sama lain- dan merangkul orang-orang dari luar kelompok kita – mungkin akan membuka kesempatan untuk membawa orang-orang kepada Dia yang mengutus kita.

DOA

Tuhan, bawa orang-orang dalam hidupku supaya aku bisa berbagi kasih-Mu kepada mereka. Kuatkan persahabatanku, sehingga persahabatan ini dapat membawa orang-orang kepada kasih-mu bagi dunia. Amin.

1 Samuel 18:1-4

1 Ketika Daud habis berbicara dengan Saul, berpadulah jiwa Yonatan dengan jiwa Daud; dan Yonatan mengasihi dia seperti jiwanya sendiri. 2 Pada hari itu Saul membawa dia dan tidak membiarkannya pulang ke rumah ayahnya. 3 Yonatan mengikat perjanjian dengan Daud, karena ia mengasihi dia seperti dirinya sendiri. 4 Yonatan menanggalkan jubah yang dipakainya, dan memberikannya kepada Daud, juga baju perangnya, sampai pedangnya, panahnya dan ikat pinggangnya.

1 Samuel 20

1 Maka larilah Daud dari Nayot, dekat Rama; sampailah ia kepada Yonatan, lalu berkata: "Apakah yang telah kuperbuat? Apakah kesalahanku dan apakah dosaku terhadap ayahmu, sehingga ia ingin mencabut nyawaku?" 2 Tetapi Yonatan berkata kepadanya: "Jauhlah yang demikian itu! engkau tidak akan mati dibunuh. Ingatlah, ayahku tidak berbuat sesuatu, baik perkara besar maupun perkara kecil, dengan tidak menyatakannya kepadaku. Mengapa ayahku harus menyembunyikan perkara ini kepadaku? Tidak mungkin!" 3 Tetapi Daud menjawab, katanya: "Ayahmu tahu benar, bahwa engkau suka kepadaku. Sebab itu pikirnya: Tidak boleh Yonatan mengetahui hal ini, nanti ia bersusah hati. Namun, demi TUHAN yang hidup dan demi hidupmu, hanya satu langkah jaraknya antara aku dan maut."

4 Yonatan berkata kepada Daud: "Apapun kehendak hatimu, aku akan melakukannya bagimu." 5 Lalu kata Daud kepada Yonatan: "Kautahu, besok bulan baru, maka sebenarnya aku harus duduk makan bersama-sama dengan raja. Jika engkau membiarkan aku pergi, maka aku akan bersembunyi di padang sampai lusa petang. 6 Apabila ayahmu menanyakan aku, haruslah kaukatakan: Daud telah meminta dengan sangat kepadaku untuk pergi dengan segera ke Betlehem, kotanya, karena di sana ada upacara pengorbanan tahunan bagi segenap kaumnya. 7 Jika begini dikatakannya: Baiklah! maka hambamu ini selamat. Tetapi jika amarahnya bangkit dengan segera, ketahuilah, bahwa ia telah mengambil keputusan untuk mendatangkan celaka. 8 Jika demikian, tunjukkanlah kesetiaanmu kepada hambamu ini, sebab engkau telah mengikat perjanjian di hadapan TUHAN dengan hambamu ini. Tetapi jika ada kesalahan padaku, engkau sendirilah membunuh aku. Mengapa engkau harus menyerahkan aku kepada ayahmu?" 9 Tetapi jawab Yonatan: "Jauhlah yang demikian itu! Sebab jika kuketahui dengan pasti, bahwa ayahku telah mengambil keputusan untuk mendatangkan celaka kepadamu, masakan aku tidak memberitahukannya kepadamu?" 10 Lalu bertanyalah Daud kepada Yonatan: "Siapakah yang akan memberitahukan kepadaku, apabila ayahmu

menjawab engkau dengan keras?" 11 Kata Yonatan kepada Daud: "Marilah kita keluar ke padang." Maka keluarlah keduanya ke padang.

12 Lalu berkatalah Yonatan kepada Daud: "Demi TUHAN, Allah Israel, besok atau lusa kira-kira waktu ini aku akan memeriksa perasaan ayahku. Apabila baik keadaannya bagi Daud, masakan aku tidak akan menyuruh orang kepadamu dan memberitahukannya kepadamu? 13 Tetapi apabila ayahku memandang baik untuk mendatangkan celaka kepadamu, beginilah kiranya TUHAN menghukum Yonatan, bahkan lebih lagi dari pada itu, sekiranya aku tidak menyatakannya kepadamu dan membiarkan engkau pergi, sehingga engkau dapat berjalan dengan selamat. TUHAN kiranya menyertai engkau, seperti Ia menyertai ayahku dahulu. 14 Jika aku masih hidup, bukankah engkau akan menunjukkan kepadaku kasih setia TUHAN? Tetapi jika aku sudah mati, 15 janganlah engkau memutuskan kasih setiamu terhadap keturunanku sampai selamanya. Dan apabila TUHAN melenyapkan setiap orang dari musuh Daud dari muka bumi, 16 janganlah nama Yonatan terhapus dari keturunan Daud, melainkan kiranya TUHAN menuntut balas dari pada musuh-musuh Daud." 17 Dan Yonatan menyuruh Daud sekali lagi bersumpah demi kasihnya kepadanya, sebab ia mengasihi Daud seperti dirinya sendiri.

18 Kemudian berkatalah Yonatan kepadanya: "Besok bulan baru; maka engkau nanti akan ditanyakan, sebab tempat dudukmu akan tinggal kosong. 19 Tetapi lusa engkau pasti akan dicari; engkau harus datang ke tempat engkau bersembunyi pada hari peristiwa itu, dan duduklah dekat bukit batu. 20 Maka aku akan memanahkan tiga anak panah ke samping batu itu, seolah-olah aku membidik suatu sasaran. 21 Dan ketahuilah, aku akan menyuruh bujangku: Pergilah mencari anak-anak panah itu. Jika tegas kukatakan kepada bujang itu: Lihat anak-anak panah itu lebih ke mari, ambillah!--maka datanglah, sebab, demi TUHAN yang hidup, engkau selamat dan tidak ada bahaya apa-apa. 22 Tetapi jika begini kukatakan kepada orang muda itu: Lihat anak-anak panah itu lebih ke sana!--maka pergilah, sebab TUHAN menyuruh engkau pergi. 23 Tentang hal yang kita janjikan itu, antara aku dan engkau, sesungguhnya, TUHAN ada di antara aku dan engkau sampai selamanya."

24 Sesudah itu bersembunyilah Daud di padang. Ketika bulan baru tiba, duduklah raja pada meja untuk makan. 25 Raja duduk di tempatnya seperti biasa, dekat dinding. Yonatan berhadapan dengan dia, Abner duduk di sisi Saul, tetapi tempat Daud tinggal kosong. 26 Dan Saul tidak berkata apa-apa pada hari itu, sebab pikirnya: "Barangkali ada sesuatu yang terjadi kepadanya; mungkin ia tidak tahir; ya, tentu ia tidak tahir."

27 Tetapi pada hari sesudah bulan baru itu, pada hari yang kedua, ketika tempat Daud masih tinggal kosong, bertanyalah Saul kepada Yonatan, anaknya:

"Mengapa anak Isai tidak datang makan, baik kemarin maupun hari ini?" 28 Jawab Yonatan kepada Saul: "Daud telah meminta dengan sangat kepadaku untuk pergi ke Betlehem, 29 katanya: Biarkanlah aku pergi, sebab ada upacara pengorbanan bagi kaum kami di kota, dan saudara-saudaraku sendirilah yang memanggil aku. Oleh sebab itu, jika engkau mengasihi aku, berilah izin kepadaku untuk menengok saudara-saudaraku. Itulah sebabnya ia tidak datang ke perjamuan raja."

30 Lalu bangkitlah amarah Saul kepada Yonatan, katanya kepadanya: "Anak sundal yang kurang ajar! Bukankah aku tahu, bahwa engkau telah memilih pihak anak Isai dan itu noda bagi kau sendiri dan bagi perut ibumu? 31 Sebab sesungguhnya selama anak Isai itu hidup di muka bumi, engkau dan kerajaanmu tidak akan kokoh. Dan sekarang suruhlah orang memanggil dan membawa dia kepadaku, sebab ia harus mati."

32 Tetapi Yonatan menjawab Saul, ayahnya itu, katanya kepadanya: "Mengapa ia harus dibunuh? Apa yang dilakukannya?" 33 Lalu Saul melemparkan tombaknya kepada Yonatan untuk membunuhnya. Maka tahulah Yonatan, bahwa ayahnya telah mengambil keputusan untuk membunuh Daud. 34 Sebab itu Yonatan bangkit dan meninggalkan perjamuan itu dengan kemarahan yang bernyala-nyala. Pada hari yang kedua bulan baru itu ia tidak makan apa-apa, sebab ia bersusah hati karena Daud, sebab ayahnya telah menghina Daud.

35 Pada waktu pagi keluarlah Yonatan ke padang bersama-sama seorang budak kecil sesuai dengan janjinya kepada Daud. 36 Berkatalah ia kepada budaknya: "Larilah, carilah anak-anak panah yang kupanahkan." Baru saja budak itu berlari, maka Yonatan melepaskan sebatang anak panah lewat kepala budak itu. 37 Ketika budak itu sampai ke tempat letaknya anak panah yang dilepaskan Yonatan itu, maka berserulah Yonatan dari belakang budak itu, katanya: "Bukankah anak panah itu lebih ke sana?" 38 Kemudian berserulah Yonatan dari belakang budak itu: "Ayo, cepat, jangan berdiri saja!" Lalu budak Yonatan memungut anak panah itu dan kembali kepada tuannya. 39 Tetapi budak itu tidak tahu apa-apa, hanya Yonatan dan Daudlah yang mengetahui hal itu. 40 Sesudah itu Yonatan memberikan senjatanya kepada budak yang menyertai dia, dan berkata kepadanya: "Pergilah, bawalah ke kota." 41 Maka pulanglah budak itu, lalu tampillah Daud dari sebelah bukit batu; ia sujud dengan mukanya ke tanah dan menyembah tiga kali. Mereka bercium-ciuman dan bertangis-tangisan. Akhirnya Daud dapat menahan diri. 42 Kemudian berkatalah Yonatan kepada Daud: "Pergilah dengan selamat; bukankah kita berdua telah bersumpah demi nama TUHAN, demikian: TUHAN akan ada di antara aku dan engkau serta di antara keturunanku dan keturunanmu sampai selamanya." 43 Setelah itu bangunlah Daud dan pergi; dan Yonatanpun pulang ke kota.

SOAP / *1 Samuel 18:1-4*
SCRIPTURE (FIRMAN TUHAN) / *tulis ayat-ayat SOAP*

OBSERVATION (OBSERVASI) / *tulis 3 - 4 observasi, pengamatan*

APPLICATION (APLIKASI) / *tulis 1 - 2 aplikasi terapan*

PRAYER (DOA) / *tulis sebuah doa berdasarkan apa yang Anda pelajari*

SOAP

1 Samuel 18:1-4

18:1 Ketika Daud habis berbicara dengan Saul, berpadulah jiwa Yonatan dengan jiwa Daud; dan Yonatan mengasihi dia seperti jiwanya sendiri. 18:2 Pada hari itu Saul membawa dia dan tidak membiarkannya pulang ke rumah ayahnya. 18:3 Yonatan mengikat perjanjian dengan Daud, karena ia mengasihi dia seperti dirinya sendiri. 18:4 Yonatan menanggalkan jubah yang dipakainya, dan memberikannya kepada Daud, juga baju perangnya, sampai pedangnya, panahnya dan ikat pinggangnya.

RENUNGAN

Sedikit dari kita yang berpikir bahwa kita akan membuat perjanjian dengan teman-teman kita! Daud dan Yonatan adalah contoh baik dari betapa kuatnya sebuah persahabatan ketika dilandasi akan cinta yang kuat dari masing-masing individual kepada Tuhan. Bahkan ketika ayah Yonatan ingin membunuh Daud, Yonatan setia kepada sahabatnya. Mungkin ini mengejutkan banyak kita bahwa iman kita dapat meminta kita untuk lebih setia kepada teman-teman kita dibanding keluarga kita! Perjanjian Baru memberikan contoh lebih jauh lagi. Umat Tuhan tidak lagi ditentukan dengan kelahiran ke dalam suku-suku bangsa Israel, namun dengan penerimaan kedalam keluarga Tuhan.

Persahabatan kita dengan orang percaya harus berbda dengan hubungan kita yang lain karena kita memiliki tujuan yang sama. Kita dipanggil untuk menghabiskan hidup kita dengan menunjukkan kerajaan Allah, memuliakan Dia dengan hidup kita, dan membagikan kabar baik Injil kepada dunia yang lelah. Kesetiaan kita kepada Tuhan mungkin akan menyebabkan ketegangan dalam keluarga kita, seperti halnya untuk Yonatan, namun dia memiliki karunia teman yang saleh. Kita dapat menemukan penghiburan di keluarga kekal yang didalamnya kita telah mendapatkan penerimaan.

DOA

Tuhan, terima kasih telah membuatku bagian dari keluarga-Mu. Bantu aku melindungi dan berjuang bagi teman-temanku seperti Yonatan melakukannyauntuk Daud. Amin.

Galatia 6:1-10

1 Saudara-saudara, kalaupun seorang kedapatan melakukan suatu pelanggaran, maka kamu yang rohani, harus memimpin orang itu ke jalan yang benar dalam roh lemah lembut, sambil menjaga dirimu sendiri, supaya kamu juga jangan kena pencobaan. 2 Bertolong-tolonganlah menanggung bebanmu! Demikianlah kamu memenuhi hukum Kristus. 3 Sebab kalau seorang menyangka, bahwa ia berarti, padahal ia sama sekali tidak berarti, ia menipu dirinya sendiri. 4 Baiklah tiap-tiap orang menguji pekerjaannya sendiri; maka ia boleh bermegah melihat keadaannya sendiri dan bukan melihat keadaan orang lain. 5 Sebab tiap-tiap orang akan memikul tanggungannya sendiri.

6 Dan baiklah dia, yang menerima pengajaran dalam Firman, membagi segala sesuatu yang ada padanya dengan orang yang memberikan pengajaran itu. 7 Jangan sesat! Allah tidak membiarkan diri-Nya dipermainkan. Karena apa yang ditabur orang, itu juga yang akan dituainya. 8 Sebab barangsiapa menabur dalam dagingnya, ia akan menuai kebinasaan dari dagingnya, tetapi barangsiapa menabur dalam Roh, ia akan menuai hidup yang kekal dari Roh itu. 9 Janganlah kita jemu-jemu berbuat baik, karena apabila sudah datang waktunya, kita akan menuai, jika kita tidak menjadi lemah. 10 Karena itu, selama masih ada kesempatan bagi kita, marilah kita berbuat baik kepada semua orang, tetapi terutama kepada kawan-kawan kita seiman.

SOAP / *Galatia 6:2*
SCRIPTURE (FIRMAN TUHAN) / *tulis ayat-ayat SOAP*

OBSERVATION (OBSERVASI) / *tulis 3 - 4 observasi, pengamatan*

APPLICATION (APLIKASI) / *tulis 1 - 2 aplikasi terapan*

PRAYER (DOA) / *tulis sebuah doa berdasarkan apa yang Anda pelajari*

SOAP

Galatia 6:2

Bertolong-tolonganlah menanggung bebanmu!
Demikianlah kamu memenuhi hukum Kristus.

RENUNGAN

Hubungan kita dengan Tuhan bukanlah sesuatu yang privat. Terkadang kita memiliki gambaran "aku dan Yesus melawan dunia," seolah-olah yang terpenting adalah hubungan pribadi kita dengan Tuhan. Hubungan itu sangat penting, namun seperti dikatakan Paulus dalam Galatia 6:2, hubungan pribadi itu datang dengan beberapa persyaratan: memenuhi hukum Kristus. Yesus menghabiskan waktu bertahun-tahun pelayanan-Nya mengajar bagaimana memperlakukan satu sama lain dan bagaimana menjalani hidup mereka. Dia datang dengan peraturan etis, termasuk dalam ayat ini: bertolong-tolonganlah menanggung bebanmu!

Hubungan kita dengan Tuhan harus mengalir kedalam cara kita memperlakukan orang lain, terkhusus mereka dalam keluarga Tuhan. Kita semua memiliki beban untuk ditanggung, baik berupa penderitaanm kehilangan, kekecewaan, kemarahan, atau ketakutan. Mungkin karunia terbesar satu sama lain adalah saling menanggung beban. Ketika kita tergoda untuk putus asa, penghiburan sahabatlah yang membantu kita beriman. Ketika kita mentaati perintah untuk bertolong-tolongan menanggung beban, kita menunjukkan bahwa kita percaya apa yang Yesus katakan dan lakukan: menanggung beban dosa kita.

DOA

Tuhan, terima kasih karena Engkau menanggung beban terbesarku bagi aku! Tunjukkan padaku bagaimana melayani dan menghibur orang-orang yang menderita dalam hidupku. Amin.

Ibrani 10:24-25

24 Dan marilah kita saling memperhatikan supaya kita saling mendorong dalam kasih dan dalam pekerjaan baik. 25 Janganlah kita menjauhkan diri dari pertemuan-pertemuan ibadah kita, seperti dibiasakan oleh beberapa orang, tetapi marilah kita saling menasihati, dan semakin giat melakukannya menjelang hari Tuhan yang mendekat.

Rut 1:16-17

6 Tetapi kata Rut: "Janganlah desak aku meninggalkan engkau dan pulang dengan tidak mengikuti engkau; sebab ke mana engkau pergi, ke situ jugalah aku pergi, dan di mana engkau bermalam, di situ jugalah aku bermalam: bangsamulah bangsaku dan Allahmulah Allahku; 17 di mana engkau mati, akupun mati di sana, dan di sanalah aku dikuburkan. Beginilah kiranya TUHAN menghukum aku, bahkan lebih lagi dari pada itu, jikalau sesuatu apapun memisahkan aku dari engkau, selain dari pada maut!"

SOAP / *Ibrani 10:24-25*
SCRIPTURE (FIRMAN TUHAN) / *tulis ayat-ayat SOAP*

OBSERVATION (OBSERVASI) / *tulis 3 - 4 observasi, pengamatan*

APPLICATION (APLIKASI) / *tulis 1 - 2 aplikasi terapan*

PRAYER (DOA) / *tulis sebuah doa berdasarkan apa yang Anda pelajari*

SOAP

Ibrani 10:24-25

*Dan marilah kita saling memperhatikan supaya kita
saling mendorong dalam kasih dan dalam pekerjaan
baik. Janganlah kita menjauhkan diri dari pertemuan-
pertemuan ibadah kita, seperti dibiasakan oleh beberapa
orang, tetapi marilah kita saling menasihati, dan semakin
giat melakukannya menjelang hari Tuhan yang mendekat.*

RENUNGAN

Menanggung beban satu sama lain adalah pekerjaan yang sukar. Terkadang kita melakukannya secara literal: ketika seorang teman pindah, Anda mungkin membantu mambawa perabotan dan kotak-kotak yang berat naik dan turun tangga, ke dalam truk pindahan, dan membawa keluar semua barang sesampai di tujuan. Terkadang beban-beban ini brsifat emosional atau spiritual, seprti duka, penyakit mental, dan pertanyaan iman. Pekerjaan menanggung beban dapat melelahkan, dan banyak kita menghadapi godaan untuk menyerah. Ketika kita merasa bahwa kita sudah melakukan sangat banyak bagi sahabat-sahabat kita dengan menanggung beban fisik yang nyata, kita merasa tergoda untuk menyerah pada beban spiritual dan emosional mereka.

Namun teman yang baik tidak mengabaikan hubungan mereka. Seperti halnya gereja diperintahkan untuk tetap berjalan bahkan ketika sulit, dan seperti halnya Rut setia kepada Naomi bahkan ketika dia tidak harus tetap bersamanya, kita dipanggil untuk mendukung teman-teman kita. Kita dapat mendorong satu sama lain untuk lebih lagi mengasihi Tuhan dan melayani Dia lebih setia dengan persahabatan kita. Ketika lebih mudah untuk menyerah terhadap seseorang, itulah waktu penting untuk menunjukkan bahwa kasih kita datang dari Tuhan, bukan dari diri kita. Dia adalah sumber kesetiaan kita satu sama lain.

DOA

Tuhan, bantu aku mengasihi sahabat-sahabatku dengan baik. Tunjukkan kepadaku siapa yang memerlukan bantuanku saat ini dan tunjukkan kepadaku bagaimana aku dapat memberikannya dengan kekuatan dari-Mu. Amin.

1. *Bagaimana orang percaya dalam Kristus semua adalah bagian dari satu tubuh?*

....

....

....

2. *Mengapa Tuhan memberikan masing-masing kita fungsi yang berbeda dalam tubuh Kristus? Bagaimana perbedaan ini membantu tubuh Kristus untuk bertumbuh?*

....

....

....

3. *Mengapa penting untuk menanggung beban satu sama lain? Bagaimana Anda dapat menanggung beban teman-teman Anda?*

....

....

....

4. *Apakah membawa beban orang lain sama dengan memecahkan masalah mereka? Apa perbedaannya?*

....

....

....

5. *Bagaimana kesatuan tubuh Kristus menunjukkan kasih Tuhan kepada Anak-Nya?*

....

....

....

Dan di atas
semuanya itu:
kenakanlah kasih,
sebagai pengikat
yang mempersatukan
dan menyempurnakan.

Kolose 3:14

DOA

*Tulislah doa-doa dan ucapan syukur
Anda untuk minggu ini*

....

....

....

....

....

....

....

....

....

....

....

....

TANTANGAN MINGGUAN

*Di minggu ini, buat komitmen untuk menjadi teman yang dapat dipercaya. Jika Anda secara
tidak sengaja bergosip tentang seseorang atau sesuatu yang seharusnya tidak Anda lakukan, secara
sadar bangun kebiasaan yang diselimuti oleh kasih dan percaya dalam pertemanan dan bukan
ketidaksepakatan.*

....

....

....

....

....

....

....

Lukas 6:31-36

31 Dan sebagaimana kamu kehendaki supaya orang perbuat kepadamu, perbuatlah juga demikian kepada mereka. 32 Dan jikalau kamu mengasihi orang yang mengasihi kamu, apakah jasamu? Karena orang-orang berdosapun mengasihi juga orang-orang yang mengasihi mereka. 33 Sebab jikalau kamu berbuat baik kepada orang yang berbuat baik kepada kamu, apakah jasamu? Orang-orang berdosapun berbuat demikian. 34 Dan jikalau kamu meminjamkan sesuatu kepada orang, karena kamu berharap akan menerima sesuatu dari padanya, apakah jasamu? Orang-orang berdosapun meminjamkan kepada orang-orang berdosa, supaya mereka menerima kembali sama banyak. 35 Tetapi kamu, kasihilah musuhmu dan berbuatlah baik kepada mereka dan pinjamkan dengan tidak mengharapkan balasan, maka upahmu akan besar dan kamu akan menjadi anak-anak Allah Yang Mahatinggi, sebab Ia baik terhadap orang-orang yang tidak tahu berterima kasih dan terhadap orang-orang jahat. 36 Hendaklah kamu murah hati, sama seperti Bapamu adalah murah hati."

SOAP / *Lukas 6:31*
SCRIPTURE (FIRMAN TUHAN) / *tulis ayat-ayat SOAP*

_____
_____
_____
_____
_____
_____
_____
_____
_____
_____
_____
_____
_____
_____
_____

OBSERVATION (OBSERVASI) / *tulis 3 - 4 observasi, pengamatan*

_____
_____
_____
_____
_____
_____
_____
_____

APPLICATION (APLIKASI) / *tulis 1 - 2 aplikasi terapan*

PRAYER (DOA) / *tulis sebuah doa berdasarkan apa yang Anda pelajari*

SOAP

Lukas 6:31

Dan sebagaimana kamu kehendaki supaya orang perbuat kepadamu, perbuatlah juga demikian kepada mereka.

RENUNGAN

Beberapa dari kita membuat perhitungan tentang persahabatan dalam pikiran kita: memperhitungkan angka kebaikan dan kemurahan hati, juga menyimpan nilai negatif untuk perkataan yang kasar atau janji yang tidak ditepati. Kita akan hadir bagi teman yang sedang membutuhkan apabila mereka melakukan yang sama untuk kita, namun tidak demikian jika menurut kita kalau mereka itu tidak layak menerima bantuan kita. Kita bisa menganggap seorang teman "berutang kepada kita" karena apa yang kita telah lakukan bagi mereka. Tak satu pun pola pikir tersebut termasuk dalam cara Tuhan memanggil kita untuk memperlakukan orang lain.

Dunia pada abad pertama tak jauh berbeda dari dunia kita sekarang dalam hal ini: kita mengharapkan timbal balik. Jika seseorang baik kepada kita, kita juga membalas dengan kebaikan. Jika seseorang menyakiti kita, kita membalas menyakitinya. Perintah Yesus sama radikalnya hari ini seperti pada zaman itu: berilah kasih dengan cuma-cuma, jangan mengharapkan balasan. Alih-alih memilih teman berdasarkan apa yang mereka bisa berikan kepada kita – lewat kekayaan, kekuasaan, atau pengaruh mereka – kita bebas untuk mengasihi orang lain tanpa embel-embel. Tuhan bermurah hati kepada kita padahal kita pantas menanggung murka-Nya, dan kita dapat menunjukkan kebenaran yang memerdekakan ini kepada dunia dengan memperlakukan orang lain tanpa mengharapkan balasan kebaikan dari mereka.

DOA

Tuhan, terima kasih karena Engkau memperlakukanku lebih baik daripada yang pantas kuterima! Berilah aku kasih karunia untuk mengasihi orang lain dengan cara yang sama. Amin.

Amsal 27:5-6

5 Lebih baik teguran yang nyata-nyata dari pada kasih yang tersembunyi.

6 Seorang kawan memukul dengan maksud baik, tetapi seorang lawan mencium secara berlimpah-limpah.

Amsal 28:23

23 Siapa menegur orang akan kemudian lebih disayangi dari pada orang yang menjilat.

Efesus 4:15-16

15 tetapi dengan teguh berpegang kepada kebenaran di dalam kasih kita bertumbuh di dalam segala hal ke arah Dia, Kristus, yang adalah Kepala. 16 Dari pada-Nyalah seluruh tubuh,--yang rapih tersusun dan diikat menjadi satu oleh pelayanan semua bagiannya, sesuai dengan kadar pekerjaan tiap-tiap anggota--menerima pertumbuhannya dan membangun dirinya dalam kasih.

SOAP / *Efesus 4:15-16*
SCRIPTURE (FIRMAN TUHAN) / *tulis ayat-ayat SOAP*

OBSERVATION (OBSERVASI) / *tulis 3 - 4 observasi, pengamatan*

APPLICATION (APLIKASI) / *tulis 1 - 2 aplikasi terapan*

PRAYER (DOA) / *tulis sebuah doa berdasarkan apa yang Anda pelajari*

SOAP

Efesus 4:15-16

Tetapi dengan teguh berpegang kepada kebenaran di dalam kasih, kita bertumbuh di dalam segala hal ke arah Dia, Kristus, yang adalah Kepala. Dari pada-Nyalah seluruh tubuh, --yang rapih tersusun dan diikat menjadi satu oleh pelayanan semua bagiannya, sesuai dengan kadar pekerjaan tiap-tiap anggota-- menerima pertumbuhannya dan membangun dirinya dalam kasih.

RENUNGAN

Beberapa dari kita lebih tertarik untuk menjadi orang menyenangkan (nice) daripada orang yang baik (kind). Kita ingin semua orang menyukai kita, maka kita memasang senyum palsu dan berpura-pura semua baik-baik saja, bahkan ketika tidak demikian halnya. Kita menghindari kontroversi atau pembicaraan yang sulit karena kita takut menyinggung orang lain, dan kita meredakan perselisihan tanpa menyentuh akar masalahnya. Kita lebih senang disukai daripada mengasihi orang-orang dalam kehidupan kita.

Ini bukan kasih yang sejati. Paulus mendorong jemaat Efesus untuk mempraktikkan kebenaran dalam kasih karena dia tahu hubungan yang sejati dibangun di atas kejujuran dan kasih. Tanpa kebenaran, kasih kita hanya bersifat permukaan dan rapuh, mudah hancur ketika berhadapan dengan kesulitan. Tanpa kasih, kebenaran kita akan terasa begitu keras hingga menghalangi proses rekonsiliasi. Sesungguhnya, kita dipanggil untuk melakukan keduanya: menyampaikan kebenaran dengan berani karena kita mengasihi mereka yang perlu mendengarnya. Ketika masing-masing dari kita melakukan bagian kita untuk membangun hubungan yang lebih kokoh, seluruh tubuh Kristus menunjukkan kasih dan kebenaran sebagai inti iman kita dengan lebih baik.

DOA

Tuhan, bantu aku mengasihi orang lain lebih daripada keinginanku untuk disukai. Berilah aku kesempatan dan kekuatan untuk mempraktikkan kebenaran dalam kasih dalam hubunganku minggu ini. Amin.

Amsal 11:13

13 Siapa mengumpat, membuka rahasia,
tetapi siapa yang setia, menutupi perkara.

SOAP / *Amsal 11:13*
SCRIPTURE (FIRMAN TUHAN) / *tulis ayat-ayat SOAP*

OBSERVATION (OBSERVASI) / *tulis 3 - 4 observasi, pengamatan*

APPLICATION (APLIKASI) / *tulis 1 - 2 aplikasi terapan*

PRAYER (DOA) / *tulis sebuah doa berdasarkan apa yang Anda pelajari*

SOAP

Amsal 11:13

Siapa mengumpat, membuka rahasia,
tetapi siapa yang setia, menutupi perkara.

RENUNGAN

Inilah salah satu strategi yang paling sering digunakan musuh kita: mengambil pemberian yang baik dari Tuhan dan mengubahnya menjadi alat penghancur. Gosip adalah salah satu bentuk penyimpangan tersebut, karena gosip mengambil pemberian baik berupa ikatan yang tercipta dari saling berbagi cerita, dan mengubahnya menjadi sebuah kekuatan besar yang menghancurkan hubungan. Banyak kita yang pernah mengalami ikatan yang dibangun ketika sekelompok teman atau rekan kerja punya gosip baru. Kita semua ingin tahu rahasia itu dan membagikan informasi menarik dengan seorang teman. Gosip bisa mengakibatkan kerusakan yang lebih besar daripada yang kita sadari.

Hubungan dibangun di atas rasa percaya, dan kita menghancurkan kepercayaan itu ketika kita bergosip. Kita juga membahayakan hubungan dengan teman gosip kita karena kita menunjukkan bahwa kita tidak bisa dipercaya untuk menghormati teman-teman kita. Persahabatan yang dibangun di atas gosip adalah ilusi: tampak nyata, namun lenyap begitu kita berusaha bersandar pada persahabatan itu. Persahabatan yang sejati adalah ketika kita tahu bahwa kita bisa mengandalkan satu sama lain untuk menyimpan rahasia ketakutan dan harapan kita dengan penuh percaya diri, karena kita mengasihi sahabat kita cukup besar untuk menaruh kepercayaan mereka di atas keinginan untuk menggosipkan mereka sesaat.

DOA

Tuhan, tegur hatiku ketika aku tergoda untuk bergosip. Tunjukkan padaku bagaimana cara membangun rasa percaya dalam hubungan yang sejati dan kekal. Amin.

Amsal 27:17

17 Besi menajamkan besi, orang menajamkan sesamanya.

Amsal 27:9

9 Minyak dan wangi-wangian menyukakan hati, tetapi penderitaan merobek jiwa.

SOAP / *Amsal 27:17*
SCRIPTURE (FIRMAN TUHAN) / *tulis ayat-ayat SOAP*

_____

_____

_____

_____

_____

_____

_____

_____

_____

_____

_____

_____

_____

OBSERVATION (OBSERVASI) / *tulis 3 - 4 observasi, pengamatan*

_____

_____

_____

_____

_____

_____

_____

APPLICATION (APLIKASI) / *tulis 1 - 2 aplikasi terapan*

PRAYER (DOA) / *tulis sebuah doa berdasarkan apa yang Anda pelajari*

SOAP

Amsal 27:17

*Besi menajamkan besi,
orang menajamkan sesamanya.*

RENUNGAN

Kalau tangan Anda pernah teriris oleh pisau yang tumpul, Anda akan tahu betapa pentingnya memiliki alat potong yang tajam. Pisau yang tumpul tidak dapat mencapai tujuan pembuatannya (memotong benda yang tepat secara tepat) dan malah mengakibatkan rasa sakit. Besi bisa ditajamkan dengan potongan besi lainnya. Satu alat yang berfungsi sesuai kegunaannya dipakai untuk menajamkan perangkat lain yang tumpul dan mengembalikannya kepada kondisi yang sebenarnya. Inilah yang seharusnya dilakukan persahabatan kita: saling memulihkan satu sama lain agar berfungsi sesuai maksud keberadaan kita.

Sejak dunia mengenal dosa, tak ada lagi yang berfungsi sebagaimana semestinya, termasuk manusia. Bukannya berorientasi kepada Tuhan, kita malah berpaling ke dalam diri kita sendiri. Kita tenggelam dalam kehancuran akibat keegoisan karena kita tidak berfungsi sesuai tujuan dari Sang Pencipta kita. Sahabat-sahabat kita bisa menjadi alat kasih karunia Tuhan untuk memulihkan kita kepada kondisi kita yang sebenarnya. Ini terjadi ketika kita dengan penuh kasih menegur satu sama lain akan dosa dalam kehidupan kita, saling memberikan dukungan, dan saling membantu satu sama lain bertumbuh dalam karunia-karunia kita.

DOA

Tuhan, terima kasih atas anugerah berupa sahabat-sahabatku! Tolong aku untuk memelihara hubungan yang menajamkan imanku. Tunjukkanlah kepadaku bagaimana aku bisa menjadi sahabat yang demikian kepada orang-orang dalam kehidupanku. Amin.

Kolose 3:12-14

12 Karena itu, sebagai orang-orang pilihan Allah yang dikuduskan dan dikasihi-Nya, kenakanlah belas kasihan, kemurahan, kerendahan hati, kelemahlembutan dan kesabaran. 13 Sabarlah kamu seorang terhadap yang lain, dan ampunilah seorang akan yang lain apabila yang seorang menaruh dendam terhadap yang lain, sama seperti Tuhan telah mengampuni kamu, kamu perbuat jugalah demikian. 14 Dan di atas semuanya itu: kenakanlah kasih, sebagai pengikat yang mempersatukan dan menyempurnakan.

Efesus 4:32

32 Tetapi hendaklah kamu ramah seorang terhadap yang lain, penuh kasih mesra dan saling mengampuni, sebagaimana Allah di dalam Kristus telah mengampuni kamu.

Amsal 17:17

17 Seorang sahabat menaruh kasih setiap waktu, dan menjadi seorang saudara dalam kesukaran.

SOAP / *Kolose 3:12-14*

SCRIPTURE (FIRMAN TUHAN) / *tulis ayat-ayat SOAP*

_____

_____

_____

_____

_____

_____

_____

_____

_____

_____

_____

_____

_____

_____

_____

_____

OBSERVATION (OBSERVASI) / *tulis 3 - 4 observasi, pengamatan*

_____

_____

_____

_____

_____

_____

_____

_____

APPLICATION (APLIKASI) / *tulis 1 - 2 aplikasi terapan*

PRAYER (DOA) / *tulis sebuah doa berdasarkan apa yang Anda pelajari*

SOAP

Kolose 3:12-14

Karena itu, sebagai orang-orang pilihan Allah yang dikuduskan dan dikasihi-Nya, kenakanlah belas kasihan, kemurahan, kerendahan hati, kelemahlembutan dan kesabaran. Sabarlah kamu seorang terhadap yang lain, dan ampunilah seorang akan yang lain apabila yang seorang menaruh dendam terhadap yang lain, sama seperti Tuhan telah mengampuni kamu, kamu perbuat jugalah demikian. Dan di atas semuanya itu: kenakanlah kasih, sebagai pengikat yang mempersatukan dan menyempurnakan.

RENUNGAN

Semua persahabatan memerlukan pengampunan pada satu waktu. Kita berbuat kesalahan, kita salah berkomunikasi, kita bahkan sengaja berdosa kepada satu sama lain. Tanda sebuah persahabatan yang baik itu bukan karena mereka tidak pernah bertengkar, tetapi mereka yang berusaha untuk rekonsiliasi. Mungkin ini terdengar sederhana, namun pengampunan jarang sekali terjadi dengan mudah. Pengampunan berarti kita harus mengambil beban dosa orang lain ke atas kita, berurusan dengan kesalahan-kesalahan mereka, dan memilih untuk tetap mempertahankan hubungan dengan mereka. Pengampunan berarti kita tidak bisa mengungkit-ungkit dosa mereka atau menghitung setiap kesalahan yang pernah mereka perbuat.

Kemudian inilah bagian yang paling radikal dari perintah ini: kita diperintahkan untuk mengampuni satu sama lain sebagaimana Tuhan telah mengampuni kita. Tuhan mengampuni kita ketika kita tidak melakukan apa pun yang layak menerima pengampunan, dan harga yang dibayar-Nya begitu besar untuk mengalami perdamaian dengan kita. Jenis pengampunan ini tak bisa dimengerti oleh banyak orang yang hanya pernah tahu hubungan yang selalu penuh risiko keributan yang sengit, mengungkit-ungkit dosa lama. Namun pengampunan itu perlu. Terlihat asing bagi dunia – menjadi saksi atas perubahan yang Tuhan kerjakan dalam kehidupan kita.

DOA

Tuhan, berikan aku anugerah untuk memberikan pengampunan bagi orang-orang yang telah berlaku salah kepadaku. Tolong aku untuk memahami bagaimana Engkau telah mengampuniku agar aku pun bisa mengampuni orang lain. Amin.

1. Mengapa penting bagi kita untuk memperlakukan mereka yang menyakiti kita dengan kebaikan dan kemurahan hati?

....

....

....

2. Apa artinya untuk mempraktekkan perkataan kebenaran dalam kasih? Mengapa seringkali sulit untuk menggabungkan kebenaran dan kasih? Mengapa penting untuk mempraktekkan perkataan kebenaran dan kasih?

....

....

....

3. Apa artinya mengenakan hati berbelas kasihan, kebaikan, kerendahan hati, kelembutan, dan kesabaran?

....

....

....

4. Mengapa pengampunan penting dalam persahabatan? Kapan Anda mengalami pengampunan sahabat yang memberkati Anda?

....

....

....

5. Mengapa kasih adalah ikatan persahabatan yang sempurna?

....

....

....

Kasih itu sabar; kasih
itu murah hati; ia
tidak cemburu. Ia tidak
memegahkan diri dan
tidak sombong. Ia tidak
melakukan yang tidak
sopan dan tidak mencari
keuntungan diri sendiri. Ia
tidak pemarah dan tidak
menyimpan kesalahan orang
lain. Ia tidak bersukacita
karena ketidakadilan,
tetapi karena kebenaran.
Ia menutupi segala sesuatu,
percaya segala sesuatu,
mengharapkan segala
sesuatu, sabar menanggung
segala sesuatu.

1 Corinthians 13:4-7

DOA

*Tulislah doa-doa dan ucapan syukur
Anda untuk minggu ini*

....

....

....

....

....

....

....

....

....

....

....

....

TANTANGAN MINGGUAN

Saat kita membangung pertemanan yang sesuai dengan Alkitab, kita mempunyai musuh yang ingin menghancurkan usaha kita. Peperangan rohani itu nyata dan kita harus terus waspada dalam relasi pertemanan kita. Minggu ini, tuliskan doa spesifik untuk teman-teman Anda, minta Tuhan untuk melindungi pertemanan Anda dari serangan iblis.

....

....

....

....

....

....

....

Amsal 17:9

9 Siapa menutupi pelanggaran, mengejar kasih, tetapi siapa membangkit-bangkit perkara, menceraikan sahabat yang karib.

Roma 16:17-18

17 Tetapi aku menasihatkan kamu, saudara-saudara, supaya kamu waspada terhadap mereka, yang bertentangan dengan pengajaran yang telah kamu terima, menimbulkan perpecahan dan godaan. Sebab itu hindarilah mereka! 18 Sebab orang-orang demikian tidak melayani Kristus, Tuhan kita, tetapi melayani perut mereka sendiri. Dan dengan kata-kata mereka yang muluk-muluk dan bahasa mereka yang manis mereka menipu orang-orang yang tulus hatinya.

2 Timotius 3:2-5

2 Manusia akan mencintai dirinya sendiri dan menjadi hamba uang. Mereka akan membual dan menyombongkan diri, mereka akan menjadi pemfitnah, mereka akan berontak terhadap orang tua dan tidak tahu berterima kasih, tidak mempedulikan agama, 3 tidak tahu mengasihi, tidak mau berdamai, suka menjelekkan orang, tidak dapat mengekang diri, garang, tidak suka yang baik, 4 suka mengkhianat, tidak berpikir panjang, berlagak tahu, lebih menuruti hawa nafsu dari pada menuruti Allah. 5 Secara lahiriah mereka menjalankan ibadah mereka, tetapi pada hakekatnya mereka memungkiri kekuatannya. Jauhilah mereka itu!

SOAP / *Roma 16:17-18*

SCRIPTURE (FIRMAN TUHAN) / *tulis ayat-ayat SOAP*

OBSERVATION (OBSERVASI) / *tulis 3 - 4 observasi, pengamatan*

APPLICATION (APLIKASI) / *tulis 1 - 2 aplikasi terapan*

PRAYER (DOA) / *tulis sebuah doa berdasarkan apa yang Anda pelajari*

SOAP

Roma 16:17-18

Tetapi aku menasihatkan kamu, saudara-saudara, supaya kamu waspada terhadap mereka yang bertentangan dengan pengajaran yang telah kamu terima, menimbulkan perpecahan dan godaan. Sebab itu hindarilah mereka! Sebab orang-orang demikian tidak melayani Kristus, Tuhan kita, tetapi melayani perut mereka sendiri. Dan dengan kata-kata mereka yang muluk-muluk dan bahasa mereka yang manis mereka menipu orang-orang yang tulus hatinya.

RENUNGAN

Gereja mula-mula dan gereja kita saat ini menghadapi persoalan yang serupa: orang-orang yang hanya tertarik melayani diri mereka sendiri. Pertikaian dan perpecahan merupakan buah yang umum dihasilkan dari orang-orang yang tidak tertarik untuk mengusahakan tujuan bersama dan alih-alih berusaha memenuhi keinginan-keinginan mereka sendiri. Orang-orang ini mungkin terlihat sebagaimana harusnya dan mengatakan hal-hal yang benar, namun di bawah permukaan, mereka hanya tertarik akan status atau kekuasaan diri sendiri.

Mungkin kita punya teman yang berlaku sama, mereka menampilkan persahabatan yang palsu tanpa substansi yang sejati. Meskipun ayat di atas memberi peringatan kepada gereja mengenai pengajaran yang palsu, ia juga menunjukkan kecenderungan manusia yang umum untuk mendahulukan kepentingan diri kita sendiri di atas yang lain-lain,dan menggunakan kata-kata yang muluk untuk menyembunyikannya. Sama seperti kita tidak ingin menjadi sahabat yang mengharapkan timbal balik – aku akan memberikan kebaikan sejauh yang aku tahu bisa kamu balas – kita juga perlu menjaga diri dari teman-teman seperti ini. Sahabat yang palsu bisa menyebabkan pertikaian di antara sahabat-sahabat sejati dengan gosip dan memicu konflik. Kita bisa meminta hikmat kepada Tuhan untuk menjaga persahabatan kita dari perselisihan dan ketidaktulusan.

DOA

Tuhan, tolong aku untuk menilai hubungan-hubunganku secara tepat dan membawa kekhawatiranku kepada-Mu. Berilah aku sahabat-sahabat yang baik yang berbicara kebenaran. Amin.

Efesus 6:12

12 karena perjuangan kita bukanlah melawan
darah dan daging, tetapi melawan pemerintah-
pemerintah, melawan penguasa-penguasa, melawan
penghulu-penghulu dunia yang gelap ini, melawan
roh-roh jahat di udara.

Amsal 11:9

9 Dengan mulutnya orang fasik membinasakan
sesama manusia, tetapi orang benar diselamatkan
oleh pengetahuan.

Amsal 11:13

13 Siapa mengumpat, membuka rahasia, tetapi
siapa yang setia, menutupi perkara.

SOAP / *Efesus 6:12*
SCRIPTURE (FIRMAN TUHAN) / *tulis ayat-ayat SOAP*

OBSERVATION (OBSERVASI) / *tulis 3 - 4 observasi, pengamatan*

APPLICATION (APLIKASI) / *tulis 1 - 2 aplikasi terapan*

PRAYER (DOA) / *tulis sebuah doa berdasarkan apa yang Anda pelajari*

SOAP

Efesus 6:12

Karena perjuangan kita bukanlah melawan darah dan daging, tetapi melawan pemerintah-pemerintah, melawan penguasa-penguasa, melawan penghulu-penghulu dunia yang gelap ini, melawan roh-roh jahat di udara.

RENUNGAN

Kita bisa menjaga diri dari sahabat-sahabat palsu, namun kita juga harus ingat siapa musuh kita sesungguhnya. Ada orang-orang dalam hidup kita yang berusaha membuat perselisihan dan perpecahan, namun mereka bukan musuh, mereka adalah orang-orang yang terluka dan berdosa, sama seperti kita. Peperangan yang sesungguhnya adalah melawan kuasa-kuasa spiritual yang jahat di dunia ini. Tuhan melindungi dan berperang bagi kita, namun peperangan rohani yang terus terjadi akan memengaruhi hidup kita. Salah satu bentuk manifestasinya ada dalam hubungan kita.

Bangsa Israel sering kali harus berperang dengan musuh secara fisik, namun perjuangan kita bukan melawan manusia. Peperangan kita adalah melawan kuasa Iblis yang sangat nyata. Ketika kita berjuang untuk kedamaian dan keadilan dalam komunitas kita, dengan mudah kita menganggap orang lain menjadi musuh utama kita. Ini membuat kita membenarkan apa saja yang perlu kita lakukan untuk mengalahkan mereka, termasuk dosa. Seharusnya, kita mengusahakan rekonsiliasi dan pembebasan bagi mereka yang telah bersalah kepada kita, bahkan ketika mereka menghadapi konsekuensi atas tindakan-tindakan mereka.

DOA

Tuhan, tolong aku mengingat siapa musuhku yang sejati. Lindungi aku, Tuhan, dari kuasa-kuasa jahat yang masih bekerja di dunia ini. Berilah aku kesempatan untuk menunjukkan kasih kepada teman-teman yang telah melukaiku, dan untuk menunjukkan kasih penebusan-Mu kepada mereka. Amin.

Amsal 22:24-25

24 Jangan berteman dengan orang yang lekas gusar, jangan bergaul dengan seorang pemarah,

25 supaya engkau jangan menjadi biasa dengan tingkah lakunya dan memasang jerat bagi dirimu sendiri.

Amsal 27:4

4 Panas hati kejam dan murka melanda, tetapi siapa dapat tahan terhadap cemburu?

1 Korintus 15:33

33 Janganlah kamu sesat: Pergaulan yang buruk merusakkan kebiasaan yang baik.

Yakobus 4:4-6

4 Hai kamu, orang-orang yang tidak setia! Tidakkah kamu tahu, bahwa persahabatan dengan dunia adalah permusuhan dengan Allah? Jadi barangsiapa hendak menjadi sahabat dunia ini, ia menjadikan dirinya musuh Allah. 5 Janganlah kamu menyangka, bahwa Kitab Suci tanpa alasan berkata: "Roh yang ditempatkan Allah di dalam diri kita, diingini-Nya dengan cemburu!" 6 Tetapi kasih karunia, yang dianugerahkan-Nya kepada kita, lebih besar dari pada itu. Karena itu Ia katakan: "Allah menentang orang yang congkak, tetapi mengasihani orang yang rendah hati."

SOAP / *Yakobus 4:4*
SCRIPTURE (FIRMAN TUHAN) / *tulis ayat-ayat SOAP*

_____

_____

_____

_____

_____

_____

_____

_____

_____

_____

_____

_____

_____

_____

_____

_____

OBSERVATION (OBSERVASI) / *tulis 3 - 4 observasi, pengamatan*

_____

_____

_____

_____

_____

_____

_____

_____

APPLICATION (APLIKASI) / *tulis 1 - 2 aplikasi terapan*

PRAYER (DOA) / *tulis sebuah doa berdasarkan apa yang Anda pelajari*

SOAP

Yakobus 4:4

Hai kamu, orang-orang yang tidak setia! Tidakkah kamu tahu, bahwa persahabatan dengan dunia adalah permusuhan dengan Allah? Jadi barangsiapa hendak menjadi sahabat dunia ini, ia menjadikan dirinya musuh Allah.

RENUNGAN

Apa artinya menjadi sahabat dunia? Sering kali dalam Perjanjian Baru, kata dunia tidak merujuk pada bumi yang kita tinggali secara harfiah (Tuhan berkata bumi itu baik ketika Dia menciptakannya!), namun kata ini lebih merujuk pada budaya atau hikmat manusia. Ciptaan Tuhan itu baik, namun dunia saat ini bergerak menurut dosa dan maut. Persahabatan dengan dunia berarti kita menjadi terlalu nyaman dengan kekacauan yang ada sementara seharusnya kita dengan sabar menunggu penebusan dunia ini.

Terkait persahabatan, cara dunia tampak seperti kemarahan, kecemburuan, dan ketamakan. Inilah jenis persahabatan dunia yang tidak selaras dengan kasih kepada Tuhan. Memang kita bersahabat dengan orang-orang tidak percaya, namun kita perlu ingat bahwa kita akan diubah oleh orang-orang terdekat kita. Kita akan meniru kebiasaan mereka atau mulai tidak terganggu dengan dosa yang mereka benarkan. Perkataan Yakobus yang kuat mengingatkan kita untuk mengevaluasi hubungan-hubungan terdekat kita dan bertanya, "Apakah aku semakin dekat dengan cara-cara dunia atau semakin dekat kepada Tuhan?"

DOA

Tuhan, terima kasih karena telah menjadikanku sahabat-Mu. Tunjukkanlah bagian-bagian dalam hidupku yang terlalu nyaman dengan cara-cara dunia ini dan tolong aku untuk merindukan penebusan-Mu yang akan datang. Amin.

Efesus 4:29

29 Janganlah ada perkataan kotor keluar dari mulutmu, tetapi pakailah perkataan yang baik untuk membangun, di mana perlu, supaya mereka yang mendengarnya, beroleh kasih karunia.

Amsal 16:24

24 Perkataan yang menyenangkan adalah seperti sarang madu, manis bagi hati dan obat bagi tulang-tulang.

Amsal 16:28

28 Orang yang curang menimbulkan pertengkaran, dan seorang pemfitnah menceraikan sahabat yang karib.

SOAP / *Efesus 4:29*
SCRIPTURE (FIRMAN TUHAN) / *tulis ayat-ayat SOAP*

OBSERVATION (OBSERVASI) / *tulis 3 - 4 observasi, pengamatan*

APPLICATION (APLIKASI) / *tulis 1 - 2 aplikasi terapan*

PRAYER (DOA) / *tulis sebuah doa berdasarkan apa yang Anda pelajari*

SOAP

Efesus 4:29

Janganlah ada perkataan kotor keluar dari mulutmu, tetapi pakailah perkataan yang baik untuk membangun, di mana perlu, supaya mereka yang mendengarnya, beroleh kasih karunia.

RENUNGAN

Perkataan kita lebih berkuasa daripada yang bisa kita bayangkan. Kita menggunakannya dengan sembarangan, namun perkataan kita punya kuasa untuk membangun atau menghancurkan hubungan kita. Tak banyak dari kita yang bisa dengan jujur mengakui bahwa setiap perkataan yang keluar dari mulut kita itu membangun, namun inilah perintah yang diberikan kepada gereja di Efesus. Untuk sebuah alat yang begitu kuat, perlu tanggung jawab untuk menggunakannya secara berhati-hati. Alih-alih mengocehkan apa saja yang ada di pikiran kita, apa saja yang bisa membuat orang tertawa, atau apa saja yang terasa menyenangkan saat itu, kita punya tanggung jawab untuk bertanya: apakah perkataan ini membangun orang lain atau meruntuhkan mereka?

Bahkan kata-kata yang menurut kita tak berarti banyak bisa meninggalkan akibat yang signifikan. Satu detik sarkasme yang kasar atau satu lelucon yang terlalu jauh mungkin tidak apa-apa menurut standar dunia, namun standar orang percaya untuk hal ini ditetapkan lebih tinggi. Ketika perkataan kita punya kuasa untuk membawa kasih karunia bagi mereka yang membutuhkannya, kita perlu secara serius mempertimbangkan dalam menggunakannya untuk sesuatu yang berada di bawah panggilan semulia ini.

DOA

Tuhan, tolong aku untuk mengerti kuasa di balik perkataanku. Berilah aku kesempatan menggunakan kata-kataku untuk membangun orang lain dan tegurlah aku ketika aku tergoda menggunakannya untuk menjatuhkan orang lain. Amin.

1 Korintus 13

1 Sekalipun aku dapat berkata-kata dengan semua bahasa manusia dan bahasa malaikat, tetapi jika aku tidak mempunyai kasih, aku sama dengan gong yang berkumandang dan canang yang gemerincing. 2 Sekalipun aku mempunyai karunia untuk bernubuat dan aku mengetahui segala rahasia dan memiliki seluruh pengetahuan; dan sekalipun aku memiliki iman yang sempurna untuk memindahkan gunung, tetapi jika aku tidak mempunyai kasih, aku sama sekali tidak berguna.

3 Dan sekalipun aku membagi-bagikan segala sesuatu yang ada padaku, bahkan menyerahkan tubuhku untuk dibakar, tetapi jika aku tidak mempunyai kasih, sedikitpun tidak ada faedahnya bagiku.

4 Kasih itu sabar; kasih itu murah hati; ia tidak cemburu. Ia tidak memegahkan diri dan tidak sombong. 5 Ia tidak melakukan yang tidak sopan dan tidak mencari keuntungan diri sendiri. Ia tidak pemarah dan tidak menyimpan kesalahan orang lain. 6 Ia tidak bersukacita karena ketidakadilan, tetapi karena kebenaran. 7 Ia menutupi segala sesuatu, percaya segala sesuatu, mengharapkan segala sesuatu, sabar menanggung segala sesuatu.

8 Kasih tidak berkesudahan; nubuat akan berakhir; bahasa roh akan berhenti; pengetahuan akan lenyap. 9 Sebab pengetahuan kita tidak lengkap dan nubuat kita tidak sempurna. 10 Tetapi jika yang sempurna tiba, maka yang tidak sempurna itu akan lenyap. 11 Ketika aku kanak-kanak, aku berkata-kata seperti kanak-kanak, aku merasa seperti kanak-kanak, aku berpikir seperti kanak-kanak. Sekarang sesudah aku menjadi dewasa, aku meninggalkan sifat kanak-kanak itu. 12 Karena sekarang kita melihat dalam cermin suatu gambaran yang samar-samar, tetapi nanti kita akan melihat muka dengan muka. Sekarang aku hanya mengenal dengan tidak sempurna, tetapi nanti aku akan mengenal dengan sempurna, seperti aku sendiri dikenal.

13 Demikianlah tinggal ketiga hal ini, yaitu iman, pengharapan dan kasih, dan yang paling besar di antaranya ialah kasih.

Amsal 12:26

26 Orang benar mendapati tempat penggembalaannya, tetapi jalan orang fasik menyesatkan mereka sendiri.

SOAP / *1 Korintus 13:4-7*
SCRIPTURE (FIRMAN TUHAN) / *tulis ayat-ayat SOAP*

OBSERVATION (OBSERVASI) / *tulis 3 - 4 observasi, pengamatan*

APPLICATION (APLIKASI) / *tulis 1 - 2 aplikasi terapan*

PRAYER (DOA) / *tulis sebuah doa berdasarkan apa yang Anda pelajari*

SOAP

1 Korintus 13:4-7

Kasih itu sabar; kasih itu murah hati; ia tidak cemburu. Ia tidak memegahkan diri dan tidak sombong. Ia tidak melakukan yang tidak sopan dan tidak mencari keuntungan diri sendiri. Ia tidak pemarah dan tidak menyimpan kesalahan orang lain. Ia tidak bersukacita karena ketidakadilan, tetapi karena kebenaran. Ia menutupi segala sesuatu, percaya segala sesuatu, mengharapkan segala sesuatu, sabar menanggung segala sesuatu.

RENUNGAN

Kutipan dari 1 Korintus 13 ini sering digunakan dalam pernikahan atau pada kartu-kartu Hari Kasih Sayang, namun ayat-ayat tersebut pada dasarnyay tidak ditujukan kepada pasangan yang menikah. Ayat-ayat ini ditulis dalam sepucuk surat untuk sebuah gereja, dalam konteks memberikan pengajaran kepada gereja tersebut tentang bagaimana gereja berfungsi sebagai tubuh Kristus, menggunakan karunia-karunia masing-masing pribadi untuk kepentingan seluruh komunitas. Kita semua perlu diingatkan bahwa apabila kita sungguh-sungguh mengasihi para sahabat kita – dan komunitas gereja kita harusnya termasuk sebagian teman terdekat kita – maka kita akan memperlakukan mereka dengan kasih yang sejati.

Kita bisa mengevaluasi persahabatan kita dengan membaca deskripsi yang panjang ini dan bertanya kepada diri sendiri apakah hubungan kita tampak seperti ayat-ayat tersebut. Apakah aku sabar terhadap teman-temanku, apakah aku murah hati kepada mereka, tidak cemburu akan milik atau bakat mereka? Apakah aku menyombongkan diri atau bersikap angkuh kepada orang lain? Apakah aku kasar? Apakah aku punya motivasi lain dalam persahabatan ini? Apakah aku mudah marah akan tindakan-tindakan mereka? Apakah aku mengingat-ingat dosa mereka? Apakah aku jujur kepada mereka? Apakah aku menanggung beban mereka, percaya bahwa mereka punya motivasi yang baik, mengharapkan yang terbaik bagi mereka, serta menanggung penderitaan dan kesulitan bersama mereka?

DOA

Tuhan, tolong aku untuk mengasihi sahabat-sahabatku dengan kasih seperti ini. Tolong aku melihat di bagian mana aku perlu bertumbuh dan berilah aku anugerah yang kuperlukan untuk melakukannya. Amin.

1. Apakah Anda seseorang yang menyebabkan perpecahan? Bagaimana Anda dapat yakin bahwa Anda tidak menjadi teman yang menciptakan penghalang dan konflik dalam hubungan Anda?

....

....

....

2. Bagaimana persahabatan yang buruk merusakkan moral yang baik? Bagaimana Anda melihat persahabatan yang buruk mempengaruhi keputusan dan cara pandang Anda?

....

....

....

3. Mengapa persahabatan dengan dunia adalah kekejaman kepada Tuhan? Seperti apa bentuk persahabatan dengan dunia? Apa yang dapat kita lakukan untuk tidak jatuh kedalam persahabatan dengan dunia?

....

....

....

4. Mengapa kita diperintahkan untuk berhati-hati dengan perkataan kita? Bagaimana perkataan Anda mempengaruhi persahabatan Anda? Kapan Anda telah menyakiti teman dengan perkataan Anda?

....

....

....

5. Apa artinya bahwa kasih bersukacita dalam kebenaran? Bagaimana Anda dapat mempraktekkan ini dalam persahabatan Anda?

....

....

....

Sebab Anak
Manusia
datang untuk
mencari dan
menyelamatkan
yang hilang.

Lukas 19:10

DOA

*Tulislah doa-doa dan ucapan syukur
Anda untuk minggu ini*

....

....

....

....

....

....

....

....

....

....

....

....

TANTANGAN MINGGUAN

*Yesus memiliki kelompok yang berbeda antara pengikut-Nya dan temanNya: kelompok besar dari
murid-murid-Nya, kedua belas rasul, dan Petrus, Yudas (adik Tuhan Yesus) dan Yohanes. Bagaimana
kita dapat mengikuti contoh-Nya dalam keintiman dalam pertemanan? Bagaimana Anda dapat
mempraktekkan prinsip ini di dalam hidup Anda tanpa menjadi kelompok yang ekslusif?*

....

....

....

....

....

....

....

Yohanes 8:1-11

1 tetapi Yesus pergi ke bukit Zaitun. 2 Pagi-pagi benar Ia berada lagi di Bait Allah, dan seluruh rakyat datang kepada-Nya. Ia duduk dan mengajar mereka. 3 Maka ahli-ahli Taurat dan orang-orang Farisi membawa kepada-Nya seorang perempuan yang kedapatan berbuat zinah. 4 Mereka menempatkan perempuan itu di tengah-tengah lalu berkata kepada Yesus: "Rabi, perempuan ini tertangkap basah ketika ia sedang berbuat zinah. 5 Musa dalam hukum Taurat memerintahkan kita untuk melempari perempuan-perempuan yang demikian. Apakah pendapat-Mu tentang hal itu?" 6 Mereka mengatakan hal itu untuk mencobai Dia, supaya mereka memperoleh sesuatu untuk menyalahkan-Nya. Tetapi Yesus membungkuk lalu menulis dengan jari-Nya di tanah. 7 Dan ketika mereka terus-menerus bertanya kepada-Nya, Iapun bangkit berdiri lalu berkata kepada mereka: "Barangsiapa di antara kamu tidak berdosa, hendaklah ia yang pertama melemparkan batu kepada perempuan itu." 8 Lalu Ia membungkuk pula dan menulis di tanah.

9 Tetapi setelah mereka mendengar perkataan itu, pergilah mereka seorang demi seorang, mulai dari yang tertua. Akhirnya tinggallah Yesus seorang diri dengan perempuan itu yang tetap di tempatnya. 10 Lalu Yesus bangkit berdiri dan berkata kepadanya: "Hai perempuan, di manakah mereka? Tidak adakah seorang yang menghukum engkau?" 11 Jawabnya: "Tidak ada, Tuhan." Lalu kata Yesus: "Akupun tidak menghukum engkau. Pergilah, dan jangan berbuat dosa lagi mulai dari sekarang."

1 Timotius 1:15

15 Perkataan ini benar dan patut diterima sepenuhnya: "Kristus Yesus datang ke dunia untuk menyelamatkan orang berdosa," dan di antara mereka akulah yang paling berdosa.

Lukas 5:31-32

31 Lalu jawab Yesus kepada mereka, kata-Nya: "Bukan orang sehat yang memerlukan tabib, tetapi orang sakit; 32 Aku datang bukan untuk memanggil orang benar, tetapi orang berdosa, supaya mereka bertobat."

Lukas 7:34-35

34 Kemudian Anak Manusia datang, Ia makan dan minum, dan kamu berkata: Lihatlah, Ia seorang pelahap dan peminum, sahabat pemungut cukai dan orang berdosa. 35 Tetapi hikmat dibenarkan oleh semua orang yang menerimanya."

SOAP / *1 Timotius 1:15*
SCRIPTURE (FIRMAN TUHAN) / *tulis ayat-ayat SOAP*

OBSERVATION (OBSERVASI) / *tulis 3 - 4 observasi, pengamatan*

APPLICATION (APLIKASI) / *tulis 1 - 2 aplikasi terapan*

PRAYER (DOA) / *tulis sebuah doa berdasarkan apa yang Anda pelajari*

SOAP

1 Timotius 1:15

Perkataan ini benar dan patut diterima sepenuhnya: "Kristus Yesus datang ke dunia untuk menyelamatkan orang berdosa," dan di antara mereka akulah yang paling berdosa.

RENUNGAN

Injil dipenuhi dengan contoh-contoh tentang Yesus yang mendapat masalah karena jenis pergaulan yang Dia suka. Dia membela wanita berdosa, makan bersama dengan pemungut cukai, dan bergaul dengan orang miskin, sakit, dan terkucilkan. Yesus adalah sahabat bagi orang-orang yang dapat merusak reputasi-Nya dan tidak layak mendapatkan persahabatan-Nya — orang-orang seperti kita. Dia datang untuk menyelamatkan orang berdosa, dan kita semua pasti termasuk dalam kelompok itu.

Pernyataan yang mengejutkan dari Rasul Paulus kepada Timotius harus mengingatkan kita tentang sikap kita sendiri — kita tidak lebih baik dari jenis orang yang bergaul dengan Yesus, kita sama persis dengan mereka! Ketika kita menerima anugerah Kristus yang cuma-cuma, kita punya banyak alasan untuk merendahkan diri dan mengakui bahwa kita tidak lebih baik dari orang lain yang kita sebutkan orang berdosa. Tidak ada ruang untuk kesombongan atau pembenaran diri ketika kita menilai keadaan diri kita dengan jujur. Kristus menjadi sahabat kita ketika kita tidak pantas mendapatkannya, dan tanggapan kita harus terlihat seperti tanggapan Paulus: kehidupan yang dicurahkan demi orang lain.

DOA

Ya Tuhan, terima kasih telah mengutus Anak-Mu menjadi sahabat bagi orang-orang berdosa seperti aku. Terima kasih telah mencari yang terhilang dan menemukan kami. Bantulah aku untuk menjadi sahabat yang seperti itu bagi mereka yang terkucilkan di sekitar aku. Amin

Markus 3:13-19

13 Kemudian naiklah Yesus ke atas bukit. Ia memanggil orang-orang yang dikehendaki-Nya dan merekapun datang kepada-Nya. 14 Ia menetapkan dua belas orang untuk menyertai Dia dan untuk diutus-Nya memberitakan Injil 15 dan diberi-Nya kuasa untuk mengusir setan. 16 Kedua belas orang yang ditetapkan-Nya itu ialah: Simon, yang diberi-Nya nama Petrus, 17 Yakobus anak Zebedeus, dan Yohanes saudara Yakobus, yang keduanya diberi-Nya nama Boanerges, yang berarti anak-anak guruh, 18 selanjutnya Andreas, Filipus, Bartolomeus, Matius, Tomas, Yakobus anak Alfeus, Tadeus, Simon orang Zelot, 19 dan Yudas Iskariot, yang mengkhianati Dia.

Markus 5:37

37 Lalu Yesus tidak memperbolehkan seorangpun ikut serta, kecuali Petrus, Yakobus dan Yohanes, saudara Yakobus.

Markus 9:2-8

2 Enam hari kemudian Yesus membawa Petrus, Yakobus dan Yohanes dan bersama-sama dengan mereka Ia naik ke sebuah gunung yang tinggi. Di situ mereka sendirian saja. Lalu Yesus berubah rupa di depan mata mereka, 3 dan pakaian-Nya sangat putih berkilat-kilat. Tidak ada seorangpun di dunia ini yang dapat mengelantang pakaian seperti itu. 4 Maka nampaklah kepada mereka Elia bersama dengan Musa, keduanya sedang berbicara dengan Yesus. 5 Kata Petrus kepada Yesus: "Rabi, betapa bahagianya kami berada di tempat ini. Baiklah kami dirikan tiga kemah, satu untuk Engkau, satu untuk Musa dan satu untuk Elia." 6 Ia berkata demikian, sebab tidak tahu apa yang harus dikatakannya, karena mereka sangat ketakutan. 7 Maka datanglah awan menaungi mereka dan dari dalam awan itu terdengar suara: "Inilah Anak yang Kukasihi, dengarkanlah Dia." 8 Dan sekonyong-konyong waktu mereka memandang sekeliling mereka, mereka tidak melihat seorangpun lagi bersama mereka, kecuali Yesus seorang diri.

SOAP / *Markus 9:2*
SCRIPTURE (FIRMAN TUHAN) / *tulis ayat-ayat SOAP*

OBSERVATION (OBSERVASI) / *tulis 3 - 4 observasi, pengamatan*

APPLICATION (APLIKASI) / *tulis 1 - 2 aplikasi terapan*

PRAYER (DOA) / *tulis sebuah doa berdasarkan apa yang Anda pelajari*

SOAP

Markus 9:2

Enam hari kemudian Yesus membawa Petrus, Yakobus dan Yohanes dan bersama-sama dengan mereka Ia naik ke sebuah gunung yang tinggi. Di situ mereka sendirian saja. Lalu Yesus berubah rupa di depan mata mereka

RENUNGAN

Bahkan Yesus membutuhkan beberapa sahabat dekat. Kejadian transfigurasi dalam Markus 9 adalah kisah yang menakjubkan tentang Yesus yang mengungkapkan kepada beberapa murid-Nya sekilas tentang kerajaan dan kemuliaan-Nya yang akan datang. Sementara Yesus memilih beberapa murid sebagai orang yang paling dekat dengan-Nya, ada sekumpulan sahabat lain dalam cerita ini yang perlu diperhatikan. Setelah Yesus berubah rupa, Musa dan Elia muncul bersama-Nya. Musa mewakili hukum dan Elia mewakili para nabi, pewahyuan Tuhan dalam Perjanjian Lama. Namun, hukum dan para nabi hanyalah bayang-bayang. Hukum dan nabi adalah wahyu dari Tuhan, tetapi Yesus adalah pewahyuan terakhir dari Tuhan.

Markus 9:4 mengatakan bahwa Musa dan Elia sedang berbicara dengan Yesus — apa yang mereka bicarakan? Catatan Lukas (9:28-36) memberi tahu kita bahwa mereka membahas keberangkatan-Nya di Yerusalem. Pada saat penting sebelum kematian dan kebangkitan-Nya, Yesus berbicara dengan beberapa sahabat yang tahu lebih banyak daripada yang diketahui oleh murid-murid-Nya. Tak satu pun dari kita pernah mengalami apa pun yang mendekati apa yang Yesus diskusikan dengan Musa dan Elia, tetapi kisah yang menakjubkan ini menjelaskan bahwa Yesus sendiri membutuhkan sahabat yang dapat menanggung beban-Nya bersama-Nya, mengetahui penderitaan yang akan Dia tanggung.

DOA

Ya Allah Bapa, terima kasih atas Inkarnasi. Terima kasih untuk Putra-Mu yang telah mengalami secara mendalam apa artinya menjadi manusia dan yang menunjukkan kepada kami kebutuhan kami akan persahabatan. Tunjukkan pada aku bagaimana membangun hubungan seperti itu dalam hidup aku. Amin.

Lukas 15:1-10

1 Para pemungut cukai dan orang-orang berdosa biasanya datang kepada Yesus untuk mendengarkan Dia. 2 Maka bersungut-sungutlah orang-orang Farisi dan ahli-ahli Taurat, katanya: "Ia menerima orang-orang berdosa dan makan bersama-sama dengan mereka."

3 Lalu Ia mengatakan perumpamaan ini kepada mereka: 4 "Siapakah di antara kamu yang mempunyai seratus ekor domba, dan jikalau ia kehilangan seekor di antaranya, tidak meninggalkan yang sembilan puluh sembilan ekor di padang gurun dan pergi mencari yang sesat itu sampai ia menemukannya? 5 Dan kalau ia telah menemukannya, ia meletakkannya di atas bahunya dengan gembira, 6 dan setibanya di rumah ia memanggil sahabat-sahabat dan tetangga-tetangganya serta berkata kepada mereka: Bersukacitalah bersama-sama dengan aku, sebab dombaku yang hilang itu telah kutemukan. 7 Aku berkata kepadamu: Demikian juga akan ada sukacita di sorga karena satu orang berdosa yang bertobat, lebih dari pada sukacita karena sembilan puluh sembilan orang benar yang tidak memerlukan pertobatan."

8 "Atau perempuan manakah yang mempunyai sepuluh dirham, dan jika ia kehilangan satu di antaranya, tidak menyalakan pelita dan menyapu rumah serta mencarinya dengan cermat sampai ia menemukannya? 9 Dan kalau ia telah menemukannya, ia memanggil sahabat-sahabat dan tetangga-tetangganya serta berkata: Bersukacitalah bersama-sama dengan aku, sebab dirhamku yang hilang itu telah kutemukan. 10 Aku berkata kepadamu: Demikian juga akan ada sukacita pada malaikat-malaikat Allah karena satu orang berdosa yang bertobat."

Lukas 19:1-10

1 Yesus masuk ke kota Yerikho dan berjalan terus melintasi kota itu. 2 Di situ ada seorang bernama Zakheus, kepala pemungut cukai, dan ia seorang yang kaya. 3 Ia berusaha untuk melihat orang apakah Yesus itu, tetapi ia tidak berhasil karena orang banyak, sebab badannya pendek. 4 Maka berlarilah ia mendahului orang banyak, lalu memanjat pohon ara untuk melihat Yesus, yang akan lewat di situ. 5 Ketika Yesus sampai ke tempat itu, Ia melihat ke atas dan berkata: "Zakheus, segeralah turun, sebab hari ini Aku harus menumpang di rumahmu." 6 Lalu Zakheus segera turun dan menerima Yesus dengan sukacita. 7 Tetapi semua orang yang melihat hal itu bersungut-sungut, katanya: "Ia menumpang di rumah orang berdosa." 8 Tetapi Zakheus berdiri dan berkata kepada Tuhan: "Tuhan, setengah dari milikku akan kuberikan kepada orang miskin dan sekiranya ada sesuatu yang kuperas dari seseorang akan kukembalikan empat kali lipat." 9 Kata Yesus kepadanya: "Hari ini telah terjadi keselamatan kepada rumah ini, karena orang inipun anak Abraham. 10 Sebab Anak Manusia datang untuk mencari dan menyelamatkan yang hilang."

SOAP / *Lukas 19:10*
SCRIPTURE (FIRMAN TUHAN) / *tulis ayat-ayat SOAP*

OBSERVATION (OBSERVASI) / *tulis 3 - 4 observasi, pengamatan*

APPLICATION (APLIKASI) / *tulis 1 - 2 aplikasi terapan*

PRAYER (DOA) / *tulis sebuah doa berdasarkan apa yang Anda pelajari*

SOAP

Lukas 19:10

*Sebab Anak Manusia datang untuk mencari
dan menyelamatkan yang hilang."*

RENUNGAN

Ketika kita mendengar pernyataan singkat tentang pelayanan Yesus, Anda mungkin tergoda untuk meringkas pesan-Nya. Kita dapat menyederhanakannya menjadi pesan rohani yang menanggalkan segala sesuatu yang duniawi dan material. Namun gelar Anak Manusia merangkum seluruh pelayanan Yesus di bumi. Lukas menampilkan Yesus sebagai Juruselamat bagi seluruh umat manusia, Adam baru, perintis bangsa yang baru. Dia datang bukan hanya untuk mencari satu domba atau koin yang hilang, tetapi untuk memasukkan yang terhilang ke dalam keluarga-Nya yang baru, bangsa yang baru, orang-orang yang baru: yang ditebus.

Ini menggambarkan bagaimana hubungan vertikal dan horizontal kita terhubung begitu erat. Ketika kita ditebus, kita tidak hanya didamaikan dengan Allah, tetapi kita juga termasuk di dalam ciptaan baru yang telah Dia mulai. Seluruh Injil Lukas menggambarkan hal ini: ketika Yesus memulai pelayanan-Nya, Dia mengumumkan bahwa Dia akan datang untuk mengangkat orang miskin, membebaskan para tawanan, memberikan penglihatan kepada orang buta, membebaskan yang tertindas, dan memberitakan tahun perkenan Tuhan (4:18). Dia datang untuk memastikan ciptaan baru yang suatu hari akan disempurnakan. Dia datang untuk mencari dan menyelamatkan kita, yang terhilang, sebagai bagian dari keseluruhan karya penebusan-Nya.

DOA

Ya Tuhan, terima kasih telah mencari dan menyelamatkan aku! Terima kasih atas ciptaan baru yang akan datang. Bantulah aku untuk hidup dalam terang yang nyata sebagai anggota keluarga-Mu. Amin.

Markus 12:30-31

30 Kasihilah Tuhan, Allahmu, dengan segenap hatimu dan dengan segenap jiwamu dan dengan segenap akal budimu dan dengan segenap kekuatanmu. 31 Dan hukum yang kedua ialah: Kasihilah sesamamu manusia seperti dirimu sendiri. Tidak ada hukum lain yang lebih utama dari pada kedua hukum ini."

Galatia 5:14-17

14 Sebab seluruh hukum Taurat tercakup dalam satu firman ini, yaitu: "Kasihilah sesamamu manusia seperti dirimu sendiri!" 15 Tetapi jikalau kamu saling menggigit dan saling menelan, awaslah, supaya jangan kamu saling membinasakan. 16 Maksudku ialah: hiduplah oleh Roh, maka kamu tidak akan menuruti keinginan daging. 17 Sebab keinginan daging berlawanan dengan keinginan Roh dan keinginan Roh berlawanan dengan keinginan daging- -karena keduanya bertentangan--sehingga kamu setiap kali tidak melakukan apa yang kamu kehendaki.

SOAP / *Galatia 5:14*
SCRIPTURE (FIRMAN TUHAN) / *tulis ayat-ayat SOAP*

OBSERVATION (OBSERVASI) / *tulis 3 - 4 observasi, pengamatan*

APPLICATION (APLIKASI) / *tulis 1 - 2 aplikasi terapan*

PRAYER (DOA) / *tulis sebuah doa berdasarkan apa yang Anda pelajari*

SOAP

Galatia 5:14

Sebab seluruh hukum Taurat tercakup dalam satu firman ini, yaitu: "Kasihilah sesamamu manusia seperti dirimu sendiri!"

RENUNGAN

Ada banyak hukum di Perjanjian Lama, dan mereka menggambarkan kepada kita tentang bagaimana seharusnya umat Allah hidup. Beberapa dari mereka tampak aneh atau tidak perlu bagi kita, tetapi mereka memberikan batasan bagi umat Tuhan, menunjukkan kepada mereka bagaimana hidup dalam komunitas dengan cara yang dapat memuliakan-Nya. Semua hukum dengat secara khusus menguraikan bagaimana komunitas ini harus bekerja dan hidup dapat diringkaskan dalam satu hukum yang penting ini: kasihilah sesamamu seperti dirimu sendiri.

Beginilah kasih kita kepada Tuhan dapat dibuktikan: dengan mengasihi yang paling lemah dan tidak dapat dikasihi di antara kita, seperti yang Dia lakukan. Ketika Yesus memberikan hukum ini dalam kisah Orang Samaria yang Baik Hati (Lukas 10: 25-37), Dia bermaksud untuk menunjukkan kepada ahli hukum bahwa pemikirannya terlalu kecil. Anda tidak boleh mencoba membatasi definisi tetangga Anda; Anda harus dengan rela menyertakan siapa pun yang Tuhan tempatkan di dalam hidup Anda. Hal yang sama berlaku untuk kita: daripada berdalih tentang kewajiban apa yang kita miliki kepada orang tertentu, kita dapat dengan bebas memberikan kasih dan pelayanan kita kepada yang lebih lemah yang ada di sekitar kita.

DOA

Ya Tuhan, tunjukkan padaku bagaimana dapat mengasihi seperti yang Engkau lakukan. Tunjukkan siapa tetangga aku, dan bagaimana aku bisa melayani mereka. Terima kasih telah mengasihiku saat aku tidak pantas mendapatkannya. Amin.

Kisah Para Rasul 2:42-47

42 Mereka bertekun dalam pengajaran rasul-rasul dan dalam persekutuan. Dan mereka selalu berkumpul untuk memecahkan roti dan berdoa. 43 Maka ketakutanlah mereka semua, sedang rasul-rasul itu mengadakan banyak mujizat dan tanda. 44 Dan semua orang yang telah menjadi percaya tetap bersatu, dan segala kepunyaan mereka adalah kepunyaan bersama, 45 dan selalu ada dari mereka yang menjual harta miliknya, lalu membagi-bagikannya kepada semua orang sesuai dengan keperluan masing-masing. 46 Dengan bertekun dan dengan sehati mereka berkumpul tiap-tiap hari dalam Bait Allah. Mereka memecahkan roti di rumah masing-masing secara bergilir dan makan bersama-sama dengan gembira dan dengan tulus hati, 47 sambil memuji Allah. Dan mereka disukai semua orang. Dan tiap-tiap hari Tuhan menambah jumlah mereka dengan orang yang diselamatkan.

Kisah Para Rasul 20:7

7 Pada hari pertama dalam minggu itu, ketika kami berkumpul untuk memecah-mecahkan roti, Paulus berbicara dengan saudara-saudara di situ, karena ia bermaksud untuk berangkat pada keesokan harinya. Pembicaraan itu berlangsung sampai tengah malam.

SOAP / *Kisah Para Rasul 2:46-47*
SCRIPTURE (FIRMAN TUHAN) / *tulis ayat-ayat SOAP*

_____

_____

_____

_____

_____

_____

_____

_____

_____

_____

_____

_____

_____

_____

_____

OBSERVATION (OBSERVASI) / *tulis 3 - 4 observasi, pengamatan*

_____

_____

_____

_____

_____

_____

_____

APPLICATION (APLIKASI) / *tulis 1 - 2 aplikasi terapan*

PRAYER (DOA) / *tulis sebuah doa berdasarkan apa yang Anda pelajari*

SOAP

Kisah Para Rasul 2:46-47

Dengan bertekun dan dengan sehati mereka berkumpul tiap-tiap hari dalam Bait Allah. Mereka memecahkan roti di rumah masing-masing secara bergilir dan makan bersama-sama dengan gembira dan dengan tulus hati, sambil memuji Allah. Dan mereka disukai semua orang. Dan tiap-tiap hari Tuhan menambah jumlah mereka dengan orang yang diselamatkan.

RENUNGAN

Dalam dunia dimana khotbah dan musik penyembahan mudah diakses secara online, banyak orang bertanya-tanya apa nilainya bagi gereja secara fisik. Jika tujuan pertemuan ibadah kita hanyalah untuk belajar lebih banyak tentang Alkitab, maka tidak ada alasan bagi kita untuk bertemu secara langsung. Namun kisah tentang gereja mula-mula ini mengingatkan kita bahwa ada sesuatu yang lebih penting tentang pertemuan ibadah bersama. Ketika kita menghabiskan waktu bersama, makan dan minum, berbicara dan tertawa, berbagi cerita dan membangun komunitas, kita menyaksikan kebaikan dari kerajaan Tuhan yang akan datang. Tidak ada yang dapat menggantikannya.

Tuhan bekerja melalui pertemuan-pertemuan ibadah kita — Dia menarik orang kepada diri-Nya melalui pertemuan gereja mula-mula ini dan Dia terus menggunakan kesaksian hubungan kita dengan satu sama lain untuk menarik orang kepada diri-Nya. Orang-orang dapat mengunduh podcast khotbah atau mendengarkan musik penyembahan dari kenyamanan rumah mereka, tetapi tidak ada yang dapat menggantikan komunitas darah dan daging.

DOA

Ya Tuhan, terima kasih atas karunia persekutuan dengan orang-orang percaya! Bantulah aku memupuk hubungan yang baik dalam komunitas gereja aku yang bersaksi kepada-Mu dan mendekatkan orang-orang untuk mengenal-Mu. Amin.

1. *Bagaimana sikap Yesus ketika berinteraksi dengan pendosa? Bagaimana Dia mengasihi mereka dan mendorong mereka untuk meninggalkan kehidupan dosa mereka?*

....

....

....

2. *Apa tujuan Yesus datang ke dunia? Bagaimana Dia menunjukkan tujuannya melalui tindakan-Nya terhadap mereka yang disebut "pendosa"?*

....

....

....

3. *Apa artinya mengasihi sesama seperti diri sendiri (Petunjuk: Hal ini bukan tentang mengasihi diri Anda terlebih dahulu!)*

....

....

....

4. *Hal-hal apa yang dilakukan jemaat mula-mula untuk menumbuhkan komunitas?*

....

....

....

5. *Mengapa makan bersama adalah pengalaman komunitas yang penting? Pengalaman makan bersama menyatakan hal apa kepada mereka yang ikut didalamnya?*

....

....

....

Tidak ada kasih
yang lebih besar
dari pada kasih
seorang yang
memberikan
nyawanya
untuk sahabat-
sahabatnya.

Yohanes 15:13

DOA

Tulislah doa-doa dan ucapan syukur
Anda untuk minggu ini

....

....

....

....

....

....

....

....

....

....

....

....

....

TANTANGAN MINGGUAN

Paulus memerintahkan Roma untuk saling mendahului dalam memberikan hormat (Roma 12:10).
Minggu ini, berikan penghormatan untuk tiga teman. Lakukan ini bukan untuk mencari pujian,
tetapi untuk menghormati dan memberi semangat teman-teman Anda.

....

....

....

....

....

....

....

....

1 Petrus 5:6-7

6 Karena itu rendahkanlah dirimu di bawah tangan Tuhan yang kuat, supaya kamu ditinggikan-Nya pada waktunya. 7 Serahkanlah segala kekuatiranmu kepada-Nya, sebab Ia yang memelihara kamu.

SOAP / *1 Petrus 5:7*
SCRIPTURE (FIRMAN TUHAN) / *tulis ayat-ayat SOAP*

OBSERVATION (OBSERVASI) / *tulis 3 - 4 observasi, pengamatan*

APPLICATION (APLIKASI) / *tulis 1 - 2 aplikasi terapan*

PRAYER (DOA) / *tulis sebuah doa berdasarkan apa yang Anda pelajari*

SOAP

1 Petrus 5:7

Serahkanlah segala kekuatiranmu kepada-Nya, sebab Ia yang memelihara kamu.

RENUNGAN

Kita diciptakan untuk memilihi hubungan antar manusia, tetapi dunia yang jatuh berarti bahwa banyak dari hubungan kita akan mengecewakan atau bahkan menyakiti kita. Pada akhirnya, kebutuhan kita dipenuhi oleh Tuhan, bukan oleh manusia. Saat kita menghadapi kesepian, ketakutan, dan rasa sakit, kita dapat mengandalkan Tuhan untuk menanggung beban kita dan menawarkan penghiburan. Saat sahabat kita tidak dapat diandalkan, Tuhan selalu dapat.

Allah tidak berjanji untuk mengangkat rasa sakit kita, menyembuhkan penyakit kita, atau mengakhiri penderitaan kita di bumi. Tetapi harapan terakhir kita adalah pemulihan total dalam kekekalan. Kita dapat menyerahkan pemeliharaan kita kepada Allah dengan mengetahui bahwa Dia memelihara kita karena Dia menunjukkan kasih ini dengan mengirimkan Anak-Nya untuk mati di kayu salib bagi kita. Sahabat-sahabat kita mungkin mengecewakan kita, tapi Allah tidak akan pernah mengecewakan kita. Sahabat-sahabat kita mungkin memprioritaskan keinginan mereka sendiri daripada kebutuhan kita, tetapi Kristus menderita dan mati demi kita. Sahabat-sahabat kita mungkin mengabaikan beban kita, tetapi Tuhan berjanji untuk menukar beban berat kita dengan kuk yang mudah (Matius 11:30).

DOA

Terima kasih, Tuhan, bahwa Engkau tidak pernah mengecewakanku! Aku berdoa agar Engkau memberikan aku hubungan persahabatan yang menghormati Engkau dan memberikan aku sukacita. Aku bersyukur karena Engkau tetap menjadi sumber kenyamanan dan keamanan utama aku. Amin.

Yohanes 15:14-17

14 Kamu adalah sahabat-Ku, jikalau kamu berbuat apa yang Kuperintahkan kepadamu. 15 Aku tidak menyebut kamu lagi hamba, sebab hamba tidak tahu, apa yang diperbuat oleh tuannya, tetapi Aku menyebut kamu sahabat, karena Aku telah memberitahukan kepada kamu segala sesuatu yang telah Kudengar dari Bapa-Ku. 16 Bukan kamu yang memilih Aku, tetapi Akulah yang memilih kamu. Dan Aku telah menetapkan kamu, supaya kamu pergi dan menghasilkan buah dan buahmu itu tetap, supaya apa yang kamu minta kepada Bapa dalam nama-Ku, diberikan-Nya kepadamu. 17 Inilah perintah-Ku kepadamu: Kasihilah seorang akan yang lain."

SOAP / *Yohanes 15:15*
SCRIPTURE (FIRMAN TUHAN) / *tulis ayat-ayat SOAP*

OBSERVATION (OBSERVASI) / *tulis 3 - 4 observasi, pengamatan*

APPLICATION (APLIKASI) / *tulis 1 - 2 aplikasi terapan*

PRAYER (DOA) / *tulis sebuah doa berdasarkan apa yang Anda pelajari*

SOAP

Yohanes 15:15

Aku tidak menyebut kamu lagi hamba, sebab hamba tidak tahu, apa yang diperbuat oleh tuannya, tetapi Aku menyebut kamu sahabat, karena Aku telah memberitahukan kepada kamu segala sesuatu yang telah Kudengar dari Bapa-Ku.

RENUNGAN

Kita tidak layak disebut sahabat Tuhan, tetapi oleh kasih karunia-Nya, kita menerima kehormatan itu. Identitas Israel dibangun dengan mengingat apa yang telah Allah lakukan untuk mereka dengan membawa mereka keluar dari perbudakan di Mesir. Mereka telah dibebaskan, dan tanggapan mereka adalah penyembahan. Mereka sudah mengenal Allah sebagai sang pembebas dari perbudakan, tetapi mereka masih memahami jarak yang tepat yang jauh dari Tuhan yang suci. Mereka juga tahu hukum Allah, tetapi tidak selalu mengerti alasan di baliknya. Ketika Yesus berkata bahwa Dia tidak lagi menyebut murid-murid-Nya budak tetapi, sebaliknya, sahabat, Dia menjelaskan satu implikasi penting dari Inkarnasi: Tuhan menyatakan diri-Nya kepada kita.

We still know God only in part, and we will spend all eternity learning more. When Jesus entered the world, He chose to reveal the character of God in an intimate and direct way. In this moment with the disciples, He revealed even more to them, and this knowledge changed the relationship. We are called friends of God because of the glimpse we have been given into His grand redemptive plan.

Kita masih mengenal Allah hanya sebagian saja, dan kita akan menghabiskan seluruh kekekalan untuk belajar lebih banyak lagi. Ketika Yesus masuk ke dunia, Dia memilih untuk menyatakan karakter Allah dengan cara yang intim dan langsung. Pada saat bersama dengan para murid-Nya, Dia menyatakan lebih banyak lagi kepada mereka, dan pengetahuan ini mengubah hubungan mereka. Kita disebut sahabat Allah karena pandangan sekilas yang kita miliki itu telah diberiksn oleh rencana penebusan agung-Nya.

DOA

Ya Tuhan, terima kasih telah menyatakan Diri-Mu kepadaku! Terima kasih atas inkarnasi, dan pewahyuan tentang hubungan yang terjalin antara kami. Bantulah aku menunjukkan kepada dunia hubungan yang aku miliki dengan Engkau ini. Amin.

Amsal 18:24

24 Ada teman yang mendatangkan kecelakaan, tetapi ada juga sahabat yang lebih karib dari pada seorang saudara.

Ibrani 13:5-6

5 Janganlah kamu menjadi hamba uang dan cukupkanlah dirimu dengan apa yang ada padamu. Karena Allah telah berfirman: "Aku sekali-kali tidak akan membiarkan engkau dan Aku sekali-kali tidak akan meninggalkan engkau." 6 Sebab itu dengan yakin kita dapat berkata: "Tuhan adalah Penolongku. Aku tidak akan takut. Apakah yang dapat dilakukan manusia terhadap aku?"

SOAP

SOAP / *Amsal 18:24*
SCRIPTURE (FIRMAN TUHAN) / *tulis ayat-ayat SOAP*

OBSERVATION (OBSERVASI) / *tulis 3 - 4 observasi, pengamatan*

APPLICATION (APLIKASI) / *tulis 1 - 2 aplikasi terapan*

PRAYER (DOA) / *tulis sebuah doa berdasarkan apa yang Anda pelajari*

SOAP

Amsal 18:24

Ada teman yang mendatangkan kecelakaan, tetapi ada juga sahabat yang lebih karib dari pada seorang saudara.

RENUNGAN

Beberapa dari kita tidak hanya pernah dikecewakan oleh sahabat-sahabat kita, tapi juga terluka parah. Hubungan yang dekat adalah satu anugerah Tuhan, tetapi dengan kedekatan muncul risiko tertentu. Orang-orang terdekat kita dapat menyakiti kita dengan cara yang sangat menyakitkan, bahkan melecehkan atau memanfaatkan kita. Kita mungkin pernah mengalami persahabatan lain yang sehat dan positif, tetapi bahkan satu hubungan yang sangat berbahaya dapat membuat sulit untuk dijaga.

Ketika pemahaman kita tentang hubungan telah dirusak oleh pelecehan, kita dapat berpikir Tuhan bekerja dengan cara yang sama. Tuhan kita menawarkan harapan dan penghiburan bagi kita ketika kita telah dilecehkan atau ditinggalkan. Kita dijanjikan bahwa Tuhan setia kepada kita dengan cara yang tidak dapat dilakukan oleh sahabat kita atau anggota keluarga mana pun. Dia tidak pernah berubah, Dia tidak pernah gagal, dan janji-Nya selalu digenapi. Kita telah diberi karunia Kitab Suci untuk mengingatkan kita tentang kesetiaan-Nya. Berulang kali Dia melihat kita, mengasihi kita, dan menolak untuk meninggalkan anak-anak-Nya.

DOA

Terima kasih ya Tuhan, karena Engkau setia dan baik! Berikan aku penghiburan, ya Tuhan, saat aku disakiti oleh orang lain. Bantulah aku untuk mempercayai-Mu meskipun ada kejahatan di sekitarku dan berikan aku kedamaian yang hanya datang dari-Mu. Amin.

Yohanes 15:13

13 Tidak ada kasih yang lebih besar dari pada kasih seorang yang memberikan nyawanya untuk sahabat-sahabatnya.

Roma 5:8

8 Akan tetapi Allah menunjukkan kasih-Nya kepada kita, oleh karena Kristus telah mati untuk kita, ketika kita masih berdosa.

Efesus 5:1-2

1 Sebab itu jadilah penurut-penurut Allah, seperti anak-anak yang kekasih 2 dan hiduplah di dalam kasih, sebagaimana Kristus Yesus juga telah mengasihi kamu dan telah menyerahkan diri-Nya untuk kita sebagai persembahan dan korban yang harum bagi Allah.

SOAP / *Yohanes 15:13*
SCRIPTURE (FIRMAN TUHAN) / *tulis ayat-ayat SOAP*

OBSERVATION (OBSERVASI) / *tulis 3 - 4 observasi, pengamatan*

APPLICATION (APLIKASI) / *tulis 1 - 2 aplikasi terapan*

PRAYER (DOA) / *tulis sebuah doa berdasarkan apa yang Anda pelajari*

SOAP

Yohanes 15:13

*Tidak ada kasih yang lebih besar dari pada kasih seorang
yang memberikan nyawanya untuk sahabat-sahabatnya.*

RENUNGAN

Yesus menunjukkan kasih terbesar bagi kita dengan menyerahkan nyawa-Nya untuk kita. Tidak hanya Dia melakukan pengorbanan terbesar ini atas nama sahabat-sahabat-Nya, tetapi Dia juga melakukannya untuk musuh-musuh-Nya. Dia mati untuk orang-orang yang berteriak menyalibkan Dia, orang-orang yang menentang pelayanan-Nya, bahkan para murid yang akan meninggalkan Dia di kayu salib. Dia mati untuk kita juga — orang yang berdosa terhadap Dia, menyakiti anak-anak-Nya, dan sering kali salah menunjukkan siapa Dia di dalam dunia. Dia menunjukkan kasih terbesar dengan menderita bagi mereka yang Dia panggil sebagai sahabat bahkan saat mereka bertindak seperti musuh.

Kita dipanggil untuk meniru kasih tanpa pamrih seperti itu di dalam komunitas kita sendiri. Sama seperti Kristus menunjukkan kasih-Nya lewat tindakan-Nya, kita dipanggil untuk menunjukkan kasih kita kepada dunia lewat tindakan kita. Kita dapat mengikuti teladan-Nya dengan mencari orang-orang yang diabaikan oleh dunia dan menunjukkan belas kasihan kepada mereka. Kita dapat menjadi saksi akan kebenaran pengorbanan Kristus dengan menunjukkan kepada dunia bahwa kita juga rela mengorbankan keinginan dan kenyamanan kita demi orang lain.

DOA

Ya Tuhan, terima kasih telah membuat pengorbanan terbesar bagiku. Terima kasih telah mengasihiku seperti seorang sahabat bahkan di saat aku masih menjad musuh-Mu. Berikan aku kasih karunia untuk menunjukkan kasih seperti itu kepada orang lain. Amin.

Filipi 2:1-18

1 Jadi karena dalam Kristus ada nasihat, ada penghiburan kasih, ada persekutuan Roh, ada kasih mesra dan belas kasihan, 2 karena itu sempurnakanlah sukacitaku dengan ini: hendaklah kamu sehati sepikir, dalam satu kasih, satu jiwa, satu tujuan, 3 dengan tidak mencari kepentingan sendiri atau puji-pujian yang sia-sia. Sebaliknya hendaklah dengan rendah hati yang seorang menganggap yang lain lebih utama dari pada dirinya sendiri; 4 dan janganlah tiap-tiap orang hanya memperhatikan kepentingannya sendiri, tetapi kepentingan orang lain juga. 5 Hendaklah kamu dalam hidupmu bersama, menaruh pikiran dan perasaan yang terdapat juga dalam Kristus Yesus, 6 yang walaupun dalam rupa Allah, tidak menganggap kesetaraan dengan Allah itu sebagai milik yang harus dipertahankan, 7 melainkan telah mengosongkan diri-Nya sendiri, dan mengambil rupa seorang hamba, dan menjadi sama dengan manusia. 8 Dan dalam keadaan sebagai manusia, Ia telah merendahkan diri-Nya dan taat sampai mati, bahkan sampai mati di kayu salib. 9 Itulah sebabnya Allah sangat meninggikan Dia dan mengaruniakan kepada-Nya nama di atas segala nama, 10 supaya dalam nama Yesus bertekuk lutut segala yang ada di langit dan yang ada di atas bumi dan yang ada di bawah bumi, 11 dan segala lidah mengaku: "Yesus Kristus adalah Tuhan," bagi kemuliaan Allah, Bapa!

12 Hai saudara-saudaraku yang kekasih, kamu senantiasa taat; karena itu tetaplah kerjakan keselamatanmu dengan takut dan gentar, bukan saja seperti waktu aku masih hadir, tetapi terlebih pula sekarang waktu aku tidak hadir, 13 karena Allahlah yang mengerjakan di dalam kamu baik kemauan maupun pekerjaan menurut kerelaan-Nya. 14 Lakukanlah segala sesuatu dengan tidak bersungut-sungut dan berbantah-bantahan, 15 supaya kamu tiada beraib dan tiada bernoda, sebagai anak-anak Allah yang tidak bercela di tengah-tengah angkatan yang bengkok hatinya dan yang sesat ini, sehingga kamu bercahaya di antara mereka seperti bintang-bintang di dunia, 16 sambil berpegang pada firman kehidupan, agar aku dapat bermegah pada hari Kristus, bahwa aku tidak percuma berlomba dan tidak percuma bersusah-susah. 17 Tetapi sekalipun darahku dicurahkan pada korban dan ibadah imanmu, aku bersukacita dan aku bersukacita dengan kamu sekalian. 18 Dan kamu juga harus bersukacita demikian dan bersukacitalah dengan aku.

Roma 12:9-21

9 Hendaklah kasih itu jangan pura-pura! Jauhilah yang jahat dan lakukanlah yang baik. 10 Hendaklah kamu saling mengasihi sebagai saudara dan saling mendahului dalam memberi hormat. 11 Janganlah hendaknya kerajinanmu kendor, biarlah rohmu menyala-nyala dan layanilah Tuhan. 12 Bersukacitalah dalam pengharapan, sabarlah dalam kesesakan, dan bertekunlah dalam doa! 13 Bantulah dalam kekurangan orang-orang kudus dan usahakanlah dirimu untuk selalu memberikan tumpangan! 14 Berkatilah siapa yang menganiaya kamu, berkatilah dan jangan mengutuk! 15 Bersukacitalah dengan orang yang bersukacita, dan menangislah dengan orang yang menangis! 16 Hendaklah kamu sehati sepikir dalam hidupmu bersama; janganlah kamu memikirkan perkara-perkara yang tinggi, tetapi arahkanlah dirimu kepada perkara-perkara yang sederhana. Janganlah menganggap dirimu pandai! 17 Janganlah membalas kejahatan dengan kejahatan; lakukanlah apa yang baik bagi semua orang! 18 Sedapat-dapatnya, kalau hal itu bergantung padamu, hiduplah dalam perdamaian dengan semua orang! 19 Saudara-saudaraku yang kekasih, janganlah kamu sendiri menuntut pembalasan, tetapi berilah tempat kepada murka Allah, sebab ada tertulis: Pembalasan itu adalah hak-Ku. Akulah yang akan menuntut pembalasan, firman Tuhan. 20 Tetapi, jika seterumu lapar, berilah dia makan; jika ia haus, berilah dia minum! Dengan berbuat demikian kamu menumpukkan bara api di atas kepalanya. 21 Janganlah kamu kalah terhadap kejahatan, tetapi kalahkanlah kejahatan dengan kebaikan!

CATAT
Perenungan Anda

....
....
....
....
....
....
....
....
....
....
....
....
....
....
....
....
....

SOAP / *Roma 12:9-10*
SCRIPTURE (FIRMAN TUHAN) / *tulis ayat-ayat SOAP*

OBSERVATION (OBSERVASI) / *tulis 3 - 4 observasi, pengamatan*

APPLICATION (APLIKASI) / *tulis 1 - 2 aplikasi terapan*

PRAYER (DOA) / *tulis sebuah doa berdasarkan apa yang Anda pelajari*

SOAP

Roma 12:9-10

*Hendaklah kasih itu jangan pura-pura! Jauhilah yang jahat
dan lakukanlah yang baik. Hendaklah kamu saling mengasihi
sebagai saudara dan saling mendahului dalam memberi hormat.*

RENUNGAN

Ini mungkin adalah ajaran Alkitab yang paling mendasar tentang hubungan antar manusia: memprioritaskan orang lain di atas diri Anda sendiri. Inilah yang dimaksud dengan "menunjukkan keinginan yang mendalam untuk menghormati satu sama lain", bahwa kita harus saling mendahului satu dengan yang lain dalam menghormati satu sama lain. Kita dipanggil untuk merendahkan diri, menyerahkan kemauan dan keinginan kita untuk kebaikan komunitas kita. Namun, dalam komunitas yang sehat, kebutuhan kita tidak dilupakan, karena orang lain menunjukkan keinginan yang mendalam juga untuk menghormati kita. Ada kasih timbal balik, masing-masing dari kita mencari kebaikan satu sama lain.

Jika ini terdengar tidak realistis dan tidak praktis, itu memang benar. Tuhan dengan murah hati telah memberi kita arahan dalam Kitab Suci tentang bagaimana membangun komunitas kita dan membangun hubungan yang baik, tetapi tidak ada satupun dari arahan itu dapat dilakukan tanpa kasih karunia-Nya dan tidak ada satupun yang dapat diikuti dengan sempurna sampai pada kekekalan. Harapan kita bukan pada usaha kita sendiri untuk berbuat baik dan saling mengasihi. Harapan kita ada dalam kasih Allah bagi kita — kasih yang memotivasi kita untuk mengasihi satu sama lain, melengkapi kita untuk saling mengasihi, dan memberi kita harapan untuk masa depan tanpa dosa di mana hubungan kita akan ditebus.

DOA

Terima kasih, ya Tuhan, karena Engkau mengasihi kami dengan sempurna. Berikan kami kasih karunia yang kami perlukan untuk saling mengasihi dan menghormati kebutuhan seluruh komunitas kami. Terima kasih atas anugerah persahabatan. Amin.

1. Apa artinya menyerahkan kekuatiran ke dalam Yesus? Bagaimana Anda dapat melakukan hal ini dalam hidup sehari-hari?

....

....

....

2. Bagaimana mengikuti perintah Yesus membuat kita menjadi teman-Nya?

....

....

....

3. Kapan Anda melihat Tuhan menyediakan teman saat Anda sungguh-sungguh membutuhkannya? Bagaimana penyediaan-Nya memberikan Anda semangat bahwa Dia akan terus melakukannya di masa yang akan datang?

....

....

....

4. Yesus mengorbankan hidup-Nya bagi sahabat-sahabat-Nya. Bagaimana perbuatan ini menunjukkan kasih-Nya yang besar bagi kita? Bagaimana hal ini menunjukkan pada kita bagaimana Dia memandang kita?

....

....

....

1. Bagaimana artinya memiliki kasih tanpa kemunafikan? Bagaimana kita dapat setia dengan kasih satu sama lain?

....

....

....

Bacaan tambahan

SOAP di antara pembelajaran Alkitab
2 minggu rencana bacaan

Apakah Anda telah memiliki kebiasaan belajar Alkitab harian yang konsisten dan tidak mau berhenti sebelum pelajaran kita berikutnya dimulai? Di halaman-halaman berikut ini, Anda dapat melanjutkan saat teduh Anda dengan ayat-ayat bacaan dan SOAP yang kami sediakan.

MINGGU 1

○ *Senin*
Bacaan: Mazmur 81-82
SOAP: Mazmur 81:11

○ *Selasa*
Bacaan: Mazmur 83-84
SOAP: Mazmur 84:12-13

○ *Rabu*
Bacaan: Mazmur 85-86
SOAP: Mazmur 86:17

○ *Kamis*
Bacaan: Mazmur 87-88
SOAP: Mazmur 88:14-15

○ *Jumat*
Bacaan: Mazmur 89-90
SOAP: Mazmur 89:34

MINGGU 2

○ *Senin*
Bacaan: Mazmur 91-92
SOAP: Mazmur 91:15

○ *Selasa*
Bacaan: Mazmur 93-94
SOAP: Mazmur 94:12-13

○ *Rabu*
Bacaan: Mazmur 95-96
SOAP: Mazmur 96:1-3

○ *Kamis*
Bacaan: Mazmur 97-98
SOAP: Mazmur 98:7-9

○ *Jumat*
Bacaan: Mazmur 99-100
SOAP: Mazmur 100:5

Sebab TUHAN Allah adalah matahari dan perisai; kasih dan kemuliaan Ia berikan; Ia tidak menahan kebaikan dari orang yang hidup tidak bercela. Ya TUHAN semesta alam, berbahagialah manusia yang percaya kepada-Mu!

Mazmur 84:12-13

SOAP / *Mazmur 81:11*
SCRIPTURE (FIRMAN TUHAN) / *tulis ayat-ayat SOAP*

OBSERVATION (OBSERVASI) / *tulis 3 - 4 observasi, pengamatan*

APPLICATION (APLIKASI) / *tulis 1 - 2 aplikasi terapan*

PRAYER (DOA) / *tulis sebuah doa berdasarkan apa yang Anda pelajari*

SOAP / *Mazmur 84:12-13*
SCRIPTURE (FIRMAN TUHAN) / *tulis ayat-ayat SOAP*

_____

_____

_____

_____

_____

_____

_____

_____

_____

_____

_____

_____

_____

_____

_____

_____

OBSERVATION (OBSERVASI) / *tulis 3 - 4 observasi, pengamatan*

_____

_____

_____

_____

_____

_____

_____

_____

APPLICATION (APLIKASI) / *tulis 1 - 2 aplikasi terapan*

PRAYER (DOA) / *tulis sebuah doa berdasarkan apa yang Anda pelajari*

SOAP / *Mazmur 86:17*
SCRIPTURE (FIRMAN TUHAN) / *tulis ayat-ayat SOAP*

OBSERVATION (OBSERVASI) / *tulis 3 - 4 observasi, pengamatan*

APPLICATION (APLIKASI) / *tulis 1 - 2 aplikasi terapan*

PRAYER (DOA) / *tulis sebuah doa berdasarkan apa yang Anda pelajari*

SOAP / *Mazmur 88:14-15*
SCRIPTURE (FIRMAN TUHAN) / *tulis ayat-ayat SOAP*

OBSERVATION (OBSERVASI) / *tulis 3 - 4 observasi, pengamatan*

APPLICATION (APLIKASI) / *tulis 1 - 2 aplikasi terapan*

PRAYER (DOA) / *tulis sebuah doa berdasarkan apa yang Anda pelajari*

SOAP / *Mazmur 89:34*
SCRIPTURE (FIRMAN TUHAN) / *tulis ayat-ayat SOAP*

OBSERVATION (OBSERVASI) / *tulis 3 - 4 observasi, pengamatan*

APPLICATION (APLIKASI) / *tulis 1 - 2 aplikasi terapan*

PRAYER (DOA) / *tulis sebuah doa berdasarkan apa yang Anda pelajari*

BERSYUKUR
WEEK 1

*Tulislah tiga hal yang Anda syukuri hari ini dan
mengapa hal-hal itu memberikan Anda sukacita.*

SATU

....
....
....
....
....
....
....

DUA

....
....
....
....
....
....
....

TIGA

....
....
....
....
....
....
....

Tulislah satu terapan/aplikasi yang Anda pelajari dari pembelajaran metode SOAP dalam minggu ini dan bagaimana Anda akan menerapkan itu dalam hidup Anda.

....

....

....

....

....

....

....

....

....

....

....

....

....

....

....

....

....

....

....

....

....

....

....

Nyanyikanlah nyanyian baru bagi TUHAN, menyanyilah bagi TUHAN, hai segenap bumi! Menyanyilah bagi TUHAN, pujilah nama-Nya, kabarkanlah keselamatan yang daripada-Nya dari hari ke hari. Ceritakanlah kemuliaan-Nya di antara bangsa-bangsa dan perbuatan-perbuatan yang ajaib di antara segala suku bangsa.

Mazmur 96: 1-3

SOAP / *Mazmur 91:15*
SCRIPTURE (FIRMAN TUHAN) / *tulis ayat-ayat SOAP*

OBSERVATION (OBSERVASI) / *tulis 3 - 4 observasi, pengamatan*

APPLICATION (APLIKASI) / *tulis 1 - 2 aplikasi terapan*

PRAYER (DOA) / *tulis sebuah doa berdasarkan apa yang Anda pelajari*

SOAP / *Mazmur 94:12-13*
SCRIPTURE (FIRMAN TUHAN) / *tulis ayat-ayat SOAP*

OBSERVATION (OBSERVASI) / *tulis 3 - 4 observasi, pengamatan*

APPLICATION (APLIKASI) / *tulis 1 - 2 aplikasi terapan*

PRAYER (DOA) / *tulis sebuah doa berdasarkan apa yang Anda pelajari*

SOAP / *Mazmur 96:1-3*
SCRIPTURE (FIRMAN TUHAN) / *tulis ayat-ayat SOAP*

_____

_____

_____

_____

_____

_____

_____

_____

_____

_____

_____

_____

_____

_____

_____

_____

OBSERVATION (OBSERVASI) / *tulis 3 - 4 observasi, pengamatan*

_____

_____

_____

_____

_____

_____

_____

APPLICATION (APLIKASI) / *tulis 1 - 2 aplikasi terapan*

PRAYER (DOA) / *tulis sebuah doa berdasarkan apa yang Anda pelajari*

SOAP / *Mazmur 98:7-9*
SCRIPTURE (FIRMAN TUHAN) / *tulis ayat-ayat SOAP*

OBSERVATION (OBSERVASI) / *tulis 3 - 4 observasi, pengamatan*

APPLICATION (APLIKASI) / *tulis 1 - 2 aplikasi terapan*

PRAYER (DOA) / *tulis sebuah doa berdasarkan apa yang Anda pelajari*

SOAP / *Mazmur 100:5*
SCRIPTURE (FIRMAN TUHAN) / *tulis ayat-ayat SOAP*

OBSERVATION (OBSERVASI) / *tulis 3 - 4 observasi, pengamatan*

APPLICATION (APLIKASI) / *tulis 1 - 2 aplikasi terapan*

PRAYER (DOA) / *tulis sebuah doa berdasarkan apa yang Anda pelajari*

BERSYUKUR
WEEK 2 • JUMAT

Tulislah tiga hal yang Anda syukuri hari ini dan mengapa hal-hal itu memberikan Anda sukacita.

SATU

....
....
....
....
....
....
....

DUA

....
....
....
....
....
....
....

TIGA

....
....
....
....
....
....
....

Tulislah satu terapan/aplikasi yang Anda pelajari dari pembelajaran metode SOAP dalam minggu ini dan bagaimana Anda akan menerapkan itu dalam hidup Anda.

....

....

....

....

....

....

....

....

....

....

....

....

....

....

....

....

....

....

....

....

....

....

....

DARING

lovegodgreatly.com
lovegodgreatly.com/indonesian

BUKU JURNAL

lovegodgreatly.com/store

FACEBOOK

lovegodgreatly
LGGIndonesia

INSTAGRAM

@lovegodgreatlyofficial
@lggindonesia

APP

Love God Greatly

....

CONTACT US

info@lovegodgreatly.com
cintatuhansesungguhnya@gmail.com

CONNECT

#LoveGodGreatly
#LoveGodGreatlyIndonesia
#LoveGodGreatlyIndonesian

Apa yang kami tawarkan

30+ Terjemahan
Rencana Bacaan Alkitab
Pendalaman Alkitab Online
Aplikasi *Love God Greatly*
Lebih dari 200 Negara Terlayani
Buku Jurnal Pendalaman Alkitab
Kelompok Komunitas
Alkitab *Love God Greatly*
Buku Jurnal *Love God Greatly*

Terdapat dalam setiap pendalaman Alkitab

Tiga Posting Blog Mingguan
Renungan Harian
Ayat Hafalan
Tantangan Mingguan
Pertanyaan Refleksi Mingguan
Rencana Bacaan Tambahan

Pendalaman Alkitab lainnya

Pada Mulanya
Markus
Penghancur Rasa Malu
Perjanjian Kekal
Yesus Segalanya
Mengenal Kasih
Dimampukan: Kemarin dan Hari Ini
Ketakutan & Kecemasan
Bangkit
Datang Mendekat
Ucapan Bahagia
Ester
Kata-Kata Yang Berarti
Berjalan Dalam Kemenangan
Berlaku Adil, Mencintai Kesetiaan, dan Hidup Rendah Hati
Kasih Setia
Memilih Berani

Juru Selamat
Janji-Janji Tuhan
Mengasihi Mereka Yang Tidak Dikasihi
Kebenaran Daripada Kebohongan
1 & 2 Tesalonika
Ketakutan & Kecemasan
Yakobus
Nama-Nya Adalah...
Filipi
1 & 2 Timotius
Bayar Harga
Rut
Hancur & Ditebus
Berjalan Dalam Hikmat
Allah Beserta Kita
Dalam Segala Hal Mengucap Syukur
Engkau Diampuni
Daud
Pengkotbah